Conceptos fundamentales sobre planificación, presupuestos y control de gestión

Conceptos fundamentales sobre planificación, presupuestos y control de gestión

Julian Laski

www.librosenred.com

Dirección General: Marcelo Perazolo
Dirección de Contenidos: Ivana Basset
Diseño de cubierta: Daniela Ferrán
Diagramación de interiores: Javier Furlani

Primera edición en español - Impresión bajo demanda

ISBN: 978-1-59754-775-8

Para encargar más copias de este libro o conocer otros libros de esta colección visite www.librosenred.com

A mi familia, por estar conmigo en las buenas y en las malas.
A Ximena, mi compañera de la vida.

Agradecimientos

A mis socios y colaboradores, por su constante apoyo en mi crecimiento profesional.

A UADE y UNITEC, por confiar siempre en mí.

A mis alumnos, por enseñarme a mejorar cada día.

Agradecimientos especiales:

a M. Robach, J. Ayestas, S. Castro y J. Mejía, por su colaboración para hacer realidad este viejo anhelo.

Prólogo

El objetivo de este valioso libro consiste en proporcionar conceptos e ideas para una mejor gestión, basándose en principios y buenas prácticas aplicables en empresas, organizaciones de la sociedad civil, instituciones públicas y otras entidades.

El libro está estructurado en dos partes. En la primera de ellas, "Planificación y Presupuestos", se explican las principales diferencias entre la planificación estratégica y planificación operativa. Mientras la planificación estratégica se asocia con el largo plazo (es decir con el establecimiento de la misión, visión, valores y estrategias), la planificación operativa se relaciona con el corto y mediano plazo, con la formulación de objetivos, metas, actividades, plazos y responsables. Estos dos procesos complementarios son analizados a través de casos prácticos empresariales, que nos ayudan a entender mejor los conceptos básicos y la utilidad de la planificación.

En forma posterior a la planificación, como debe ocurrir en el mundo real de las empresas y los negocios, el proceso de elaboración, ejecución y control de los presupuestos se aborda de manera exhaustiva. Es interesante cómo el autor ilustra los diferentes componentes de un presupuesto: ventas, cobranzas, producción, compras, pago a proveedores, gastos, pagos varios y tesorería. Asimismo, en esta sección se introduce el concepto de presupuesto integrado, se muestra una técnica de desarrollo de presupuestos y se resalta la importancia del seguimiento y actualización de los presupuestos, "produciéndose un círculo virtuoso de gestión".

La segunda parte, "Herramientas de Control de Gestión", se subdivide en cinco temas que están interrelacionados y son fundamentales para la gestión de empresas: tableros de control, control interno, administración de riesgos, benchmarking y reingeniería de procesos. En cada tema abordado hay un balance entre la teoría y la práctica. Es enriquecedora la manera en que los conceptos y definiciones se asocian con herramientas gerenciales, cuya aplicación se ilustra a través de casos específicos.

Para el tema vinculado con sistemas de control, el lector podrá comprender la diferencia entre los tableros de control estratégico, directivo y operativo, y aprender a usar la herramienta de Tablero de Comando Integrado o "Balance Scorecard", cuya implementación se demuestra en un caso de una empresa aérea inglesa. El control interno se presenta como un pilar del control de gestión, se ilustra a través del modelo estadounidense COSO, y se resalta por medio del análisis de un caso de malas prácticas en una empresa francesa. La administración de riesgos, por su parte, se analiza como un factor crítico para la gestión, enfatizando la importancia del análisis y cuantificación de los riesgos y de la formulación de una estrategia de gestión de riesgos. Asimismo, se introduce el concepto de la relación entre riesgo y rentabilidad. Para el tema de benchmarking, primero se presentan sus orígenes y categorías (interno, competitivo, funcional y genérico) y después se explica una metodología práctica que tiene como objetivo lograr del benchmarking un proceso de mejora continua para "acelerar el cambio y la innovación". El uso de esta metodología se ilustra en un caso práctico de una aerolínea estadounidense. Para la reingeniería de procesos, el lector encontrará un método que "permite lograr un mayor nivel de desempeño en relativamente poco tiempo". Las características comunes y las etapas clave de la reingeniería son ampliamente analizadas, discutidas y su aplicación ejemplarizada en un caso de rediseño de procesos de una empresa de la industria automotriz de los Estados Unidos.

El presente libro representa una versión mejorada y ampliada de una primera obra similar del autor, "Herramientas Modernas para la Gestión Organizacional". Por su estructura y enfoque, "Conceptos Fundamentales sobre Planificación, Presupuestos y Control de Gestión" es una obra que cumple dos propósitos: ofrecer una aplicación concreta y práctica de conceptos de mucha utilidad para el sector empresarial y a la vez presentar un texto recomendable para estudios académicos de postgrado en el área de negocios o administración de empresas.

Marlon A. Brevé, Ph.D.
Vicerrector Académico, UNITEC, Honduras
Exministro de Educación de Honduras

Introducción

Este libro se ha desarrollado con el objeto de proporcionar conceptos e ideas para una mejor gestión de las organizaciones, basándose en principios y buenas prácticas que pueden ser aplicados en empresas, organizaciones de la sociedad civil, instituciones públicas y otras entidades.

Para ello, el presente texto se ha dividido en dos partes diferenciadas pero complementarias. La primera de ellas, vinculada con la planificación y el proceso presupuestario, apunta a los primeros pasos que debe dar una organización a los efectos de elaborar un marco de referencia para la gestión; el fundamento de lo antedicho es que, si no se planifica adecuadamente, no se presupuestan las actividades derivadas del proceso de planificación y no se ejecuta el presupuesto de un modo apropiado, se dificulta de gran manera el éxito para cualquier institución. De hecho, si no se definen los objetivos, difícilmente se pueda determinar si el accionar de una entidad es bueno o malo, positivo o negativo. En tal sentido, un principio que subyace en todo el documento está relacionado con la importancia del control de gestión; y, en relación a ello, se puede afirmar que lo que no se mide no se puede controlar, y lo que no se controla, no se puede mejorar. Pero para poder medir, es necesario contar con un marco, una guía previamente definida, y es allí precisamente donde se encuadran los procesos de planificación y presupuestación.

La segunda parte del libro, por su parte, se encuentra ligada con diferentes herramientas diseñadas y aplicadas a los efectos de controlar la gestión. Es importante mencionar que estos instrumentos sólo pueden aplicarse de manera adecuada si existe un proceso de planificación previamente establecido, dado que, como fue indicado previamente, no es posible realizar una medición correcta si no se cuenta con un parámetro en relación al cual llevar a cabo dicho análisis. En otras palabras, esta parte del texto se orienta a mencionar las maneras en que una organización podría desarrollar acciones tendientes a mejorar el nivel y la calidad de su gestión.

El libro ha sido escrito teniendo presente en forma permanente el denominado ciclo de Deming o círculo de Deming, relacionado con el proceso de mejora continua en las organizaciones. A pesar de ser conocido por el estadounidense W. Edwards Deming, una de las figuras más influyentes en la recuperación económica de Japón tras la II Guerra Mundial., este concepto en realidad fue definido por Walter A. Shewhart, un físico, estadígrafo e ingeniero, quien consideró a este ciclo como "un proceso metodológico elemental, aplicable en cualquier campo de la actividad, con el fin de asegurar la mejora continua de dichas actividades".

El círculo de Deming consiste en un proceso metodológico que significa aplicar a un proceso una acción cíclica, la cual consta de cuatro pasos fundamentales, derivadas del acrónimo de cuatro palabras en idioma inglés, PDCA: Plan (planificar) – Do (hacer) – Check (revisar) – Act (actuar). Este concepto, entonces, apunta a que el primer paso en la gestión debe estar relacionado con la formulación de un plan sobre cómo proceder; entonces, ésta es la etapa más influyente y define una secuencia lógica de actividades. Luego, se pasa a la acción, que debe basarse precisamente en lo planificado previamente. Posteriormente, una organización debe verificar si se ha alcanzado el objetivo, para lo cual es necesario controlar si lo que se ha definido se ha desarrollado correctamente o no. Y, por último, la fase "Act" consiste en llevar a cabo las actividades tendientes a normalizar la solución del problema y establecer las condiciones que permiten mantener el nivel de calidad. De este modo, el ciclo produce un círculo virtuoso, retroalimentándose el proceso de gestión, tal como se puede apreciar en el siguiente gráfico:

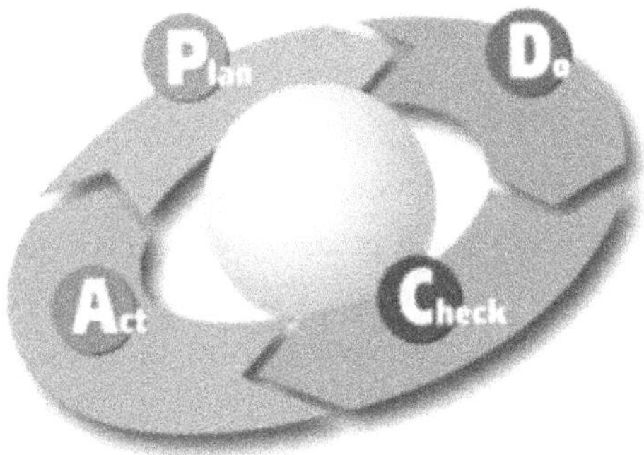

Fuente: material web

En la primera parte del libro, entonces, el contenido se orienta fundamentalmente a las fases P y D, planificar y ejecutar. Tanto en la planificación estratégica y operativa, como en el proceso de formulación y ejecución presupuestaria, se halla presente la idea de elaborar un marco de referencia y desarrollar acciones focalizadas a cumplir con lo previamente establecido. Por otro lado, la segunda parte del libro se relaciona mucho más con las etapas C y A del gráfico antes expuesto, verificar y actuar. Así, la segunda parte del texto presenta herramientas que contribuyen a controlar y mejorar la gestión, mientras que la primera parte sienta las bases para que la gestión pueda desarrollarse de una manera apropiada.

Es importante mencionar, por otro lado, que a lo largo de todo el libro, tanto en la primera como en la segunda parte, se desarrollan los aspectos más importantes de casos prácticos y ejemplos de la realidad vinculados con las herramientas e instrumentos de gestión presentados. Ya sea mayormente por tratarse de casos exitosos, como de situaciones en las que queda expuesto el uso de una mala práctica y sus consecuencias para la gestión, el libro procura vincular los conceptos e ideas con la realidad, de modo de no dejar el contenido basado únicamente en la teoría, sino también en la aplicabilidad que los conceptos tienen en la realidad.

Desde un punto de vista conceptual, es importante tener en cuenta la definición de los aspectos salientes que forman parte de este libro. La planificación, el inicio del ciclo de gestión, se define como un proceso de toma de decisiones para alcanzar un futuro deseado, teniendo en cuenta la situación actual y los factores internos y externos que pueden influir en el logro de los objetivos[1]. Por su parte, el presupuesto se puede definir como la estimación programada, de manera sistemática, de las condiciones de operación y de los resultados a obtener por un organismo en un periodo determinado. También se afirma que el presupuesto es una expresión cuantitativa formal de los objetivos que se propone alcanzar la administración de la empresa en un periodo, con la adopción de las estrategias necesarias para lograrlos.

El control de gestión, en forma genérica, consiste en el conjunto de mecanismos que puede utilizar la administración de modo de incrementar la probabilidad de que el comportamiento de las personas que forman parte de la organización sea coherente con los objetivos de ésta. Para ello, se utilizan una serie de instrumentos o herramientas como los indicadores, los tableros de comando, el benchmarking, la reingeniería

---

1 Jiménez, 1982

de procesos, la gestión de riesgos y otros, que se analizan en la segunda parte de este libro.

Este libro no pretende, bajo ningún punto de vista, ser exhaustivo en su análisis, ni incluir todas las técnicas que se pueden utilizar en materia de planificación, presupuestación y control de gestión. Tal como su título lo indica, el objetivo del documento consiste en proporcionar al lector los conocimientos fundamentales en relación a los conceptos antes mencionados, de modo de recopilar y proveer de los aspectos generales sobre la temática en cuestión.

En síntesis, el libro en líneas generales ha sido diseñado a los efectos de brindar al lector los conocimientos más relevantes acerca de la forma en que las organizaciones presupuestan y planifican, estructuran el futuro de su negocio o actividad, y la manera en que utilizan diversas herramientas para llevar a cabo el control de la gestión empresarial o institucional. Para ello, los puntos más importantes que se conceptualizan en la primera y en la segunda parte de este documento técnico son:

- El proceso de planificación estratégica y operativa;
- Los diferentes presupuestos que se elaboran en las organizaciones;
- Los indicadores de gestión, benchmarking, análisis de ratios financieros y no financieros;
- Introducción a Tableros de Control y su diferencia con el Balanced Scorecard o Tablero de Comando Integral;
- El proceso de control interno como punto de partida para el control de gestión;
- Gestión de los riesgos – identificación, análisis, respuesta.

Parte 1: planificación y presupuestos

Esta primera parte del libro se enfoca sobre algunas de las actividades elementales correspondientes al ciclo de la gestión de una organización: la planificación, en su plano estratégico y operativo, y la posterior elaboración y ejecución de los presupuestos. Y se indican en ese orden debido a que, en primera instancia, se deben establecer los objetivos para luego cuantificarlos.

Las empresas, organizaciones de la sociedad civil, entidades públicas y otras poseen una visión y una misión, que constituyen los pilares sobre los que se asienta y focaliza el accionar institucional. Mientras que la misión es el motivo, propósito, fin o razón de ser de la existencia de una empresa u organización, la visión se define como el camino al cual se dirige la empresa a largo plazo y sirve de rumbo y aliciente para orientar las decisiones estratégicas de crecimiento junto a las de competitividad[2]. Ambos conceptos, en forma complementaria, sirven de base para el establecimiento de los objetivos y metas, y de la formulación de planes a nivel estratégico (a largo plazo) y operativo (mediano y corto plazo).

Por su parte, el presupuesto se debe elaborar en forma posterior a la planificación, dado que se trata de cuantificar los recursos necesarios, en términos monetarios, para alcanzar los planes diagramados. Si bien se trata de una mala práctica, hay casos en los que los procesos de planificación y presupuesta-

---

2 Fleitman, Jack: "Negocios exitosos", McGraw Hill, 2000

ción se encuentran separados, disociados, debido a que los preparan diferentes sectores o áreas en forma independiente. En esos casos, el presupuesto carece de valor como instrumento de apoyo de la gestión, puesto que no se prevé obtener ingresos y egresos en virtud de un esquema preestablecido, y debido a que es posible que los egresos no se encuentren alineados con las metas organizacionales previstas. En consecuencia, un presupuesto sin un plan, es una herramienta inútil, incompleta.

A continuación, se analizan las características fundamentales de los procesos de planificación y presupuestación. Si bien no se lleva a cabo un análisis técnico exhaustivo, se exponen los conceptos principales relacionados con la temática, y se brindan ejemplos concretos de la aplicabilidad y puesta en práctica.

Proceso de planeamiento – Planificación estratégica y operativa

La planificación, por definición, es una función básica de la administración que tiene como misión determinar la manera de encarar el futuro. Sin una adecuada planificación, es mucho más complicado conseguir los objetivos de una organización, puesto que no se marca un camino o un punto de referencia sobre el cual se puedan alcanzar las metas.

Para conseguir lo antes mencionado, a través de la planificación se responden las siguientes preguntas: ¿qué debe hacerse?, ¿quién debe hacerlo? y ¿dónde, cuándo y cómo debe hacerse? Lo anterior, para lograr los mejores resultados, en el tiempo apropiado y de acuerdo con los recursos que se dispone.

A los efectos de llevar a cabo el proceso de planificación, es vital el rol del administrador en una organización (sea ésta una empresa privada, un organismo público o una ONG). El administrador o gestor debe, entonces, tratar de prever y dilucidar las acciones a llevar a cabo en un futuro caracterizado por la incertidumbre, a fin de obtener un conocimiento o una visión lo más aproximada posible de lo que sucederá en ese futuro, para luego definir los planes de acción que sean necesarios para alcanzar los resultados que se desean.

La planificación, entonces, implica un proceso racional de estudio y la selección del mejor curso de acción a seguir, frente a una variedad de alternativas posibles y factibles de acuerdo a los recursos disponibles. Siempre, el administrador se encuentra ante diferentes opciones; el desafío consiste precisamente en escoger y determinar el mejor camino a seguir.

La actividad de planificar abarca un amplio campo de decisiones que incluye la definición de un objetivo; la materialización de un plan y programas; la fijación de políticas; la determinación de normas y procedimientos. Estas tareas deben ser llevadas a cabo en forma indispensable para el desarrollo eficiente de las operaciones de la empresa y para el logro de sus objetivos.

En consecuencia, se puede definir a la planificación como la concepción anticipada de una actividad de acuerdo a una evaluación racional entre fines y medios. Se dice también, que la planificación es prever el futuro, estar delante de los hechos antes de que éstos se materialicen.

La planificación tiene como objetivo o fin último la eliminación al máximo de los imprevistos, es decir, lograr los objetivos y metas de la empresa con el máximo de ventajas, el mínimo de desventajas, el mínimo de riesgos y optimizando al máximo el uso de los recursos humanos, materiales y financieros con que cuenta la empresa.

En términos generales, la planificación, entonces:

- Es una función básica de la gerencia;
- Determina el futuro deseado;
- Es filmar una “película” de lo que deseamos que ocurra en la organización;
- Es el proceso de construir un puente entre la situación actual y la situación deseada.

Planificación estratégica

La palabra "estrategia" se ha utilizado de muchas maneras y en diferentes contextos a lo largo de los años. Su uso más frecuente ha sido en el ámbito militar, donde el concepto ha sido utilizado durante siglos.[3]

El término estrategia se origina en el vocablo griego strategos, que significa "un general". A su vez, esta palabra proviene de raíces que significan "ejército" y "acaudillar". El verbo griego, stratego, significa "planificar la destrucción de los enemigos en razón del uso eficaz de los recursos".

En el caso de los empresarios modernos con inclinación competitiva, las raíces del concepto de estrategia se presentan con un atractivo evidente. Aunque los estrategas de las empresas no proyectan la destrucción de sus competidores en el mercado, sí tratan de vender más que sus rivales y obtener más y mejores resultados que ellos.

El enfoque de la estrategia se basa fundamentalmente en dos supuestos. El primero, es que el análisis siempre debe ir antes que la acción. La definición de metas, el análisis de la situación y la planificación deben ir antes de cualquier acción que emprenda la empresa. A lo anterior se lo suele llamar formulación de la estrategia. El segundo supuesto es que la acción, con frecuencia llamada ejecución de la estrategia, está a cargo de personas que no son analistas, gerentes de niveles superiores ni planificadores.

Una estrategia bien formulada ayuda a poner en orden y asignar, tomando en cuenta sus atributos y deficiencias inter-

---

3 Pimentel Villalaz, L.: "Introducción al concepto de planificación estratégica", 1999

nas, los recursos de una organización, con el fin de lograr una situación viable y original, así como anticipar los posibles cambios en el entorno y las posibles acciones de los oponentes.

Dentro del contexto de la planificación, es importante desarrollar una medición de ciertos indicadores de gestión, de los cuales es relevante mencionar los siguientes:

- Productividad: es la relación entre los productos totales obtenidos y los recursos totales consumidos;
- Efectividad: es la relación entre los resultados logrados y los que nos propusimos previamente y da cuenta del grado de cumplimiento de los objetivos planificados;
- Eficiencia: es la relación entre la cantidad de recursos utilizados y la cantidad de recursos que se había estimado o programado utilizar;
- Eficacia: valora el impacto de lo que hacemos, del producto que entregamos o del servicio que prestamos. No basta producir con 100% de efectividad, sino que los productos o servicios sean los adecuados para satisfacer las necesidades de los clientes. La eficacia es un criterio relacionado con calidad (adecuación al uso, satisfacción del cliente);

El plan estratégico: una guía para la gestión

El elemento fundamental, el producto de la planificación estratégica, es precisamente el plan estratégico. El desarrollo de un plan estratégico produce beneficios relacionados con la capacidad de realizar una gestión más eficiente, liberando recursos humanos y materiales, lo que redunda en eficiencia productiva y en una mejor calidad de vida y trabajo para los miembros de la organización. Las principales ventajas de la planificación estratégica son:

- La planificación estratégica mejora el desempeño de la institución;
- El solo hecho, demostrado por muchos estudios, de establecer una visión, definir la misión, planificar y determinar objetivos, influye positivamente en el desempeño de la institución;
- La planificación estratégica permite pensar en el futuro, visualizar nuevas oportunidades y amenazas, enfocar la misión de la organización y orientar de manera efectiva el rumbo de una organización, facilitando la acción innovadora de dirección y liderazgo;
- Permite enfrentar los principales problemas de las organizaciones;
- La planificación estratégica es una manera intencional y coordinada de enfrentar la mayoría de los problemas críticos, intentando resolverlos en su conjunto y proporcionando un marco útil para afrontar decisiones, anticipando e identificando nuevas demandas.

Una buena planificación estratégica exige conocer más la organización, mejorar la comunicación y coordinación entre los distintos niveles y programas, y mejorar las habilidades de administración. La planificación estratégica genera fuerzas de cambio que evitan que las organizaciones se dejen llevar por los cambios, las ayuda a tomar el control sobre sí mismas y no sólo a reaccionar frente a reglas y estímulos externos.

Las etapas de un plan estratégico

Enfocar la planificación estratégica en los factores críticos que determinan el éxito o fracaso de una organización y diseñar un proceso realista, constituyen los aspectos clave a considerar para desarrollar la planificación estratégica.

La planificación estratégica enfatiza el análisis de las condiciones del entorno en que la organización se encuentra y en el análisis de sus características internas. En síntesis, las principales etapas de un plan estratégico son:

1. Diagnóstico de la situación actual

El diagnóstico de la situación actual es el punto de partida de cualquier proceso de planificación. Como tal, requiere de manera indispensable que se identifiquen apropiadamente los clientes externos y se señalen sus demandas; lo mismo debe suceder con los clientes internos, que muchas veces son olvidados o dejados en un segundo plano (en forma equivocada).

2. Análisis interno de la organización

El análisis interno es el estudio de los factores claves que en su momento han condicionado el desempeño pasado, la evaluación de este desempeño y la identificación de las fortalezas y debilidades que presenta la organización en su funcionamiento y operación en relación con la misión.

Este análisis comprende aspectos tales como los recursos humanos, tecnología, estructura formal, redes de comunicación formales e informales, capacidad financiera, entre otros aspectos que deben ser revisados a los efectos de determinar el nivel de desempeño de la organización en el momento de encarar el proceso de planificación.

3. Análisis externo de la organización

Se refiere a la identificación de los factores exógenos, más allá de la organización, que condicionan su desempeño, tanto en sus aspectos positivos (oportunidades), como negativos (amenazas). En este análisis, se pueden reconocer como áreas de interés o relevantes:

- Las condiciones de crecimiento y desarrollo del país, los aspectos económicos, tratados de comercio;
- Los cambios del entorno (culturales, demográficos);
- Los recursos (tecnológicos, avances científicos);
- Los cambios en las necesidades ciudadanas (en cuanto a transporte, comunicaciones, información y participación, entre otros);
- Las políticas públicas y prioridades del sector;
- El riesgo de factores naturales ;
- La competencia;
- Las regulaciones.

Este análisis se orienta hacia la identificación de las amenazas y oportunidades que el ambiente externo genera para el funcionamiento y operación de la organización.

En resumen, la planificación estratégica constituye un sistema gerencial que desplaza el énfasis en el "qué lograr" (objetivos) al "qué hacer" (estrategias). Con la planificación estratégica, se busca concentrarse sólo en aquellos objetivos factibles de lograr y en qué negocio o área competir, en correspondencia con las oportunidades y amenazas que ofrece el entorno.

Planificación operativa

La planificación operativa, por su parte, consiste en formular planes a corto plazo que abarquen a las diversas partes de la organización. Se utiliza para describir lo que las diversas partes de la organización deben hacer para que la empresa tenga éxito a corto plazo.

La planificación operativa tiene como finalidad definir las metas de corto plazo y las líneas de acción específicas, de producción, ventas, distribución, etc., cuyo logro y ejecución acercan a la organización al logro de sus objetivos estratégicos. Los productos más comunes de la planificación operativa incluyen un plan o programa operativo, un presupuesto de recursos financieros, y un conjunto de mecanismos para la evaluación del desempeño táctico.

Sin embargo, es indispensable diferenciar los conceptos de presupuestación y planificación operativa: mientras que el último se refiere a la manera de programar actividades a un plazo más corto (en general, un máximo de un año), identificando tareas, responsables y plazos, el presupuesto consiste en la cuantificación monetaria de los planes diagramados, tal como se analiza por separado en el presente documento.

En conclusión, la planificación operativa, que puede ser de mediano o corto plazo, para varios objetivos o para una sola actividad, establece claramente lo que vamos a hacer, el orden en que lo haremos, las responsabilidades que cada uno tendremos, los recursos que necesitaremos para hacerlo y el tiempo en que debemos cumplirlo.

Principales diferencias entre planificación estratégica y planificación operativa

Es importante diferenciar adecuadamente los procesos de planificación estratégica y de planificación operativa. Aunque sus aspectos distintivos parecen obvios, muchas veces se confunden por una inadecuada interpretación o incluso por una cuestión semántica. En líneas generales, las organizaciones tienden a desarrollar de manera más apropiada la planificación operativa, dado su carácter de corto plazo y considerando que la mayoría de las empresas suelen operar bajo un mecanismo de gestión de crisis, antes que procurar establecer sus objetivos en el futuro lejano.

La planificación estratégica, entonces:

- Se orienta a largo plazo;
- Define qué hacer y cómo hacer las cosas en el plazo largo;
- Pone énfasis en la búsqueda de permanencia de la empresa en el tiempo;
- Delinea los grandes lineamientos y políticas;
- Incluye, entre otros: misión, visión de futuro, valores corporativos, objetivos, estrategias y políticas.

Por su parte, y a diferencia de lo antedicho, la planificación operativa:

- Se orienta a corto y mediano plazo;
- Responde a preguntas tales como qué, cómo, cuándo, quién, dónde y con qué;
- Pone énfasis en los aspectos del "día a día";
- Constituye una desagregación del plan estratégico en programas o proyectos específicos;
- Incluye, entre otros: objetivos y metas, actividades, plazos y responsables.

Estrategias versus tácticas

¿En qué difieren las estrategias de las tácticas? La diferencia principal radica en la escala de acción o la perspectiva del líder. Lo que parece ser una táctica para el ejecutivo en jefe, puede ser una estrategia para el jefe de mercadotecnia si es que esta determina el éxito total y la viabilidad de la organización. En un sentido más preciso, las tácticas pueden ser ejecutadas y puestas en escena a cualquier nivel.

Las tácticas son los realineamientos de corta duración, son ajustables y asumen la acción y la interacción que las fuerzas contrarias usan para lograr metas especificas después de su contacto inicial. La estrategia define una base continua para enfocar esos ajustes hacia propósitos más ampliamente concebidos.

Una estrategia genuina siempre es necesaria cuando las acciones potenciales o las respuestas de un adversario inteligente pueden afectar de manera sustancial el resultado deseado, independientemente de la naturaleza global de las actividades de la empresa o institución. Esta condición atañe a las acciones importantes que son emprendidas en el más alto nivel de las organizaciones competitivas.

Caso emblemático de planificación estratégica: empresa autopartista Taranto

La empresa Taranto es, hoy en día, líder en la producción y distribución de autopartes en la región del Mercosur. Fabrica juntas, retenes, embragues, pastillas de freno y bulones, y comercializa dichos productos a través de diferentes canales de distribución y en numerosos países. Como modelo de gestión, la compañía reinvierte alrededor del 10% de su facturación en investigación y desarrollo, mejora de productos y ampliación de su capacidad productiva, lo cual le permite mantenerse a la vanguardia, abasteciendo a las terminales automotrices internacionales y al mercado de la reposición (aftermarket)[4]. En los últimos años, la empresa ha ganado diversos premios a la calidad naciona-

[4] Información extraída del sitio web de la empresa, http://www.taranto.com.ar

les e iberoamericanos. Pero, ¿cómo ha llegado hasta aquí esta organización fundada en 1980 por un emprendedor sin estudios universitarios, llegando a poseer 8 plantas industriales, 4 distribuidoras y empleando a más de 800 personas?[5] A través de la planificación y de la acción de su líder, Norberto Taranto.

A diferencia de lo que sucede con las empresas familiares que nacen y mueren con su socio fundador, o a la que les cuesta perdurar en el tiempo, Taranto decidió que la planificación a largo plazo sería la base del crecimiento de la compañía. Es por ello que, entre los años 2000 y 2001 (en plena época de crisis económica mundial y de una histórica recesión en la Argentina), Norberto Taranto y sus hijos decidieron escribir un "protocolo familiar" con miras a la profesionalización de la gestión. El protocolo familiar señalaba expresamente que para ser director de la empresa debía contarse con un título universitario para 2005 y con un posgrado desde 2010. Taranto tenía más de 50 años cuando comenzó a estudiar en la Universidad Argentina de la Empresa (UADE) la licenciatura en Comercialización, y luego un Executive MBA, que terminó en diciembre de 2009. En forma complementaria, el principal accionista de la empresa tomó la decisión de planificar una mejora de sus procesos de producción a largo plazo, realizando un benchmarking con las prácticas de compañías alemanas, francesas y portuguesas. Y, adicionalmente, confió fuertemente en otros procesos de mejora a largo plazo, a través de los programas de mejora basados en ala filosofía de Total Quality Management (TQM), el Sistema Integral de Mejora (SIM), el Mantenimiento Productivo Total (TPM) y el sistema japonés de las 5S para promover la "seguridad, el orden y la limpieza"[6].

---

5 Según información de la Subsecretaría de Desarrollo de Inversiones, Ministerio de Relaciones Exteriores, Comercio Internacional y Culto de la República Argentina, 2011

6 Universidad Austral – IAE (Argentina), Revista Antiguos Alumnos, Número 21

Más allá de que la coyuntura de la economía argentina favoreció el crecimiento de la compañía, la realidad es que la visión de futuro y la planificación estratégica a largo plazo le dio sus frutos a Taranto: hoy en día es una empresa sumamente exitosa como se indicó previamente, y obtuvo numerosas distinciones a nivel internacional. Entre las más destacadas, en 2000, Taranto ganó el Premio Nacional a la Calidad; en 2005, se convirtió en la primera empresa argentina en sumar dos premios nacionales; en 2008, obtuvo el Premio Konex de Platino en la categoría "Empresarios PYME".

En definitiva, en este caso se aprecia cómo la visión de un líder y de un emprendedor, traducida en un proceso de planificación estratégica consistente y efectivo, puede llevar a que una compañía mediana y con un potencial de crecimiento moderado, traspase sus propias limitaciones inherentes a una empresa familiar para convertirse en un caso de éxito de renombre. Si bien es cierto que la coyuntura ha contribuido para que Taranto trascienda y amplíe el horizonte de sus negocios, no es menos real que el salto de calidad de la empresa no hubiera sido posible de no ser por la voluntad de su fundador, a la hora de plantear un escenario de largo plazo basado en una idea de negocio a futuro que luego pudo implementar a través de acciones operativas concretas.

El proceso de elaboración, ejecución y control de los presupuestos

En el capítulo anterior, se analizó el proceso de planificación como la base para el desarrollo de las actividades de una organización. Según quedó expuesto, es imposible conseguir objetivos que no se han planteado; es decir, cualquier camino es bueno o válido si no hay un marco de referencia sobre el cual establecer los planes de acción.

El presupuesto, en relación a lo antes expresado, consiste en ni más ni menos que la cuantificación monetaria de los planes diseñados por una organización. Es decir, representa el valor en dinero de lo que se ha propuesto como objetivos a corto, mediano y largo plazo. Permite a las empresas, los gobiernos, las organizaciones privadas y las familias establecer prioridades y evaluar la consecución de sus objetivos, pero desde un punto de vista puramente cuantitativo - numérico.

Para alcanzar estos fines, puede ser necesario incurrir en déficit (que los gastos superen a los ingresos) o, por el contrario, puede ser posible ahorrar, en cuyo caso el presupuesto presentará un superávit (los ingresos superan a los gastos).

El presupuesto es un instrumento importante para la gestión, utilizado como medio administrativo de determinación adecuada de capital, costos e ingresos necesarios en una organización, así como la debida utilización de los recursos disponibles acorde con las necesidades de cada una de las unidades y/o departamentos. También sirve de ayuda para la determinación de metas que sean comparables a través del tiempo, coordinando así las actividades de las diferentes áreas en pos de la consecución de las mencionadas metas, evitando costos innecesarios y contribuyendo a que no se produzca una mala utilización de recursos. De igual manera, el presupuesto permite a la administración conocer el desenvolvimiento de la empresa o institución, por medio de la comparación de los hechos y cifras reales con los hechos y cifras proyectadas, para poder tomar medidas que permitan corregir o mejorar la actuación organizacional.

La definición anterior engloba a las etapas más importantes de la gestión presupuestaria: la formulación (relacionada directamente con la planificación estratégica y operativa); la ejecución; y, muy especialmente, el control presupuestario, que sirve como instrumento de monitoreo financiero de la gestión. Una organización que no controle la manera en que utiliza sus recursos, es claramente mucho más propensa a ser ineficiente que una que sí lo hace: la primera dependerá en gran medida de la suerte o de factores imponderables, mientras que la segunda procurará tener la mayor cantidad de variables bajo control (no todas, lo cual no es posible, claro está).

En otras palabras, y abordando una vez más la definición conceptual del término, un presupuesto para cualquier persona, empresa o gobierno, es un plan de acción de gasto para un período futuro, generalmente de un año, a partir de los ingresos disponibles. Un año calendario para un gobierno se le denomina "año fiscal", aunque muchas empresas también han adoptado el mismo término. En otras palabras, el presupuesto sólo puede elaborarse si se tienen en cuenta los conceptos que componen sus dos variables fundamentales: ingresos y gastos. De todos modos, debe tenerse en cuenta que los presupuestos no sólo contemplan aspectos financieros, sino también económicos, como se mencionará más adelante.

El proceso presupuestario en las organizaciones

Tal como fue mencionado, el proceso presupuestario apunta a reflejar de una forma cuantitativa, a través de los presupuestos, los objetivos fijados por la empresa a corto plazo, mediante el establecimiento oportuno de los programas, sin perder la perspectiva del largo plazo, puesto que ésta condicionará los planes que permitirán la consecución del fin último al que va orientado la gestión de la empresa. El proceso presupuestario comprende las siguientes actividades principales:

- Definición y transmisión de las directrices generales a los responsables de la preparación de los presupuestos;
- Elaboración de planes, programas y presupuestos;
- Negociación de los presupuestos;
- Coordinación de los presupuestos;
- Aprobación de los presupuestos;
- Seguimiento y actualización de los presupuestos.

El proceso presupuestario requiere la previsión de una gran cantidad de variables. No solamente deben proyectarse los ingresos y gastos, sino también el estado de situación patrimonial, el costo y otras variables (por ello es que antes se mencionó el carácter financiero y también económico de los presupuestos).

Principales componentes de los presupuestos

En los párrafos expuestos a continuación, se explica y se menciona el contenido de los principales componentes de un presupuesto, en forma genérica. Es importante destacar que estos presupuestos han sido simplificados al máximo en cuanto a su contenido para facilitar su exposición y entendimiento, puesto que este libro no pretende desarrollar un tratado de profundo nivel técnico sobre la temática sino, por el contrario, presentar los conceptos fundamentales de la problemática presupuestaria. En tal sentido, no se exponen todos los presupuestos posibles, ni se incluyen algunos aspectos que pudieran complejizar mucho más la cuestión, tales como el Impuesto al Valor Agregado, Ajuste por Inflación, presupuestos de materia prima, costos indirectos de fabricación y mano de obra, situaciones donde es necesario proyectar el uso de excedentes de fondos en inversiones transitorias, entre otros.

Los principales elementos de un presupuesto, entonces, son los siguientes:

Presupuesto de ventas

Es la predicción de las ventas de la empresa que tienen como prioridad determinar el nivel de ventas real proyectado por una empresa. Este cálculo se realiza mediante los datos de demanda actual y futura.

En una empresa, el pronóstico de ventas es la base de todos los demás presupuestos, el sitio por donde se debe comenzar. Excepto en casos específicos donde se programe un déficit presupuestario por un motivo en particular, las ventas son el insumo clave para el armado de todos los otros presupuestos: sin ventas, no hay gastos posibles. En definitiva y en forma directa, el presupuesto de ventas suministra los datos fundamentales para elaborar los presupuestos de:

- Producción;
- Compras;
- Gastos de ventas o de comercialización;
- Gastos administrativos.

El pronóstico de ventas, en cuanto a su preparación, puede ser diagramado de múltiples maneras. De todos modos, en términos generales, empieza con la identificación de los estimados de venta, realizados por cada uno de los vendedores; luego, dichos estimados se remiten a cada gerente de unidad. La elaboración de un presupuesto de ventas se inicia con un documento básico que tiene líneas diversas de productos para un mismo rubro, el cual se proyecta como pronostico de ventas por cada trimestre o período analizado.

Es importante indicar que el presupuesto de ventas es de tipo económico, ya que considera el devengamiento de las ventas en forma independiente del momento en que se han cobrado. Esto es, si una empresa proyecta colocar productos en el mercado por $ 10.000 en un mes, aunque las cobre a los 30 o 60 días, se afectará al resultado positivo en el momento en que el ingreso se realice.

Generalmente, y preferiblemente, el presupuesto de ventas se realiza en unidades, y luego se cuantifica estableciendo el precio de venta estimado para el período en cuestión. Es decir, que si se proyecta vender 1.000 unidades del producto A en el mes de enero, y el precio de venta es de $ 10 por unidad, el presupuesto de ventas de enero ascenderá a $ 10.000. A continuación, se presenta un ejemplo, con un presupuesto de ventas para un período de 3 meses:

Presupuesto de Ventas	Enero	Febrero	Marzo
Unidades a vender	3.500	3.600	4.500
Precio x Unidad	80	80	80
Total ventas presupuestadas	280.000	288.000	360.000

Presupuesto de cobranzas

A los efectos de proyectar la situación financiera de una organización, es preciso determinar la manera en que las cobranzas tendrán lugar. Esto vendrá dado por las condiciones de venta que una empresa pacte. Si, por ejemplo, la organización antes mencionada vende el 40% al contado y el 60% a 30 días, cobrará $ 4.000 en enero y $ 6.000 en febrero. A su vez, para determinar el presupuesto de cobranzas es necesario analizar el estado de situación patrimonial al último cierre del año anterior: si la empresa en cuestión tiene registrados $ 5.000 en el rubro "Deudores por ventas" en diciembre y no existiera mora, en el presupuesto de ventas de enero deberán considerarse los $ 5.000 como cobranzas de enero por ventas del año anterior. Veamos el siguiente ejemplo:

Presupuesto de cobranzas	Enero	Febrero	Marzo	Totales
Diciembre	5.000,00	-	-	5.000,00
Enero	4.000,00	6.000,00	-	10.000,00
Febrero	-	7.000,00	7.000,00	14.000,00
Marzo	-	-	12.000,00	12.000,00
Total cobranzas presupuestadas	**9.000,00**	**13.000,00**	**19.000,00**	**41.000,00**

Aquí, se cobran en enero $ 5.000 correspondientes a ventas efectuadas hasta diciembre (mes hipotético de cierre de ejercicio o año fiscal de la empresa), más $ 4.000 de ventas de enero que se cobran al contado. En definitiva, el presupuesto de cobranzas es, entonces, uno de los principales componentes del presupuesto financiero de una empresa.

Presupuesto de producción

Se trata de estimaciones que se hallan estrechamente relacionadas con el presupuesto de venta y los niveles de inventario deseado. En realidad, el presupuesto de producción se basa en el presupuesto de ventas proyectado, ajustado por el cambio en el inventario. Primero, hay que determinar si la empresa puede producir las cantidades proyectadas por el presupuesto de ventas, con la finalidad de evitar un costo exagerado en la mano de obra ocupada.

Entonces, el presupuesto de producción tiene como insumo fundamental a la proyección de ventas: las unidades a producir están claramente definidas en función de lo que la empresa planea vender. A su vez, es importante que el presupuesto de producción considere el stock inicial de productos terminados, que está representado por el inventario de productos que una empresa tenga al cierre del período anterior (en el caso que estamos viendo, a diciembre del año anterior). A continuación, se presenta un ejemplo en el que una compañía sólo produce un producto, el producto 1:

Presupuesto de Producción (Unidades Producto 1)	**Enero**	**Febrero**	**Marzo**	**Totales**
Existencia inicial	1.200	2.160	2.700	6.060
Ventas	3.500	3.600	4.500	11.600
Existencia final	2.160	2.700	3.120	7.980
Total a producir (unidades)	**4.460**	**4.140**	**4.920**	**13.520**

Aquí se puede ver la manera en que la producción de enero está calculada en función de los datos de ventas (ver presupuesto de ventas antes mencionado), considerándose una existencia inicial de 1.200 unidades, las que se hallaban hipotéticamente en stock al 31 de diciembre del año anterior. Como puede visualizarse, en cada mes la existencia final equivale a la existencia inicial del mes siguiente (si cierra el mes de enero con 2.160 unidades, se comienza el mes de febrero con esa cantidad de bienes en stock).

Presupuesto de compras

A los efectos de determinar las compras "productivas" (es decir, de insumos) que deben llevarse a cabo, es necesario, en primera instancia, saber cuántas unidades de materia prima (MP) se necesitan para fabricar un producto. A su vez, habrá que conocer el precio de cada unidad de materia prima, y en base a ello determinar la materia prima a comprar en función del presupuesto de unidades a producir. Hay que considerar que seguramente la empresa contará con un stock inicial de materia prima en sus inventarios, y que esos insumos no deberán ser comprados sino utilizados. A los efectos de comprender mejor este punto, tomemos el ejemplo anterior: supongamos que la empresa sólo produce el producto 1, y que este producto solamente requiere la utilización de la materia prima A. Consideremos, a su vez, que la empresa cuenta con un stock al 31 de diciembre del año anterior de 15.500 unidades de la materia prima A. Por otro lado, ya conocemos, en función del presupuesto de producción especificado más arriba, que en enero debemos producir 4.460 unidades del producto 1. Como datos adicionales, conocemos que el precio de la materia prima A es de $ 5 por unidad, y que, para simplificar, la empresa mantiene una política de stock de agotar la materia prima de sus inventarios cada mes (es decir, que la existencia final de materia prima A de cada mes sea 0). En este caso, entonces, el presupuesto de compra de materia prima A se calcularía del siguiente modo:

Presupuesto MP A	Enero	Febrero	Marzo	Totales
Existencia Inicial	15.500,00	-	-	15.500,00
Producción	31.220,00	28.980,00	34.440,00	94.640,00
Existencia Final	-	-	-	-
Unidades MP A	15.720,00	28.980,00	34.440,00	79.140,00
Precio	5,00	5,00	5,00	
Compras MP A	**78.600,00**	**144.900,00**	**172.200,00**	**395.700,00**

Aquí puede verse que el presupuesto de compras asciende a $ 395.700, si asumimos que contamos con una única materia prima como insumo para el proceso productivo. El presupuesto de compras es económico, dado que no tiene en cuenta el momento del pago (es decir, del movimiento financiero), sino que el hecho que da lugar al movimiento es la realización de la compra.

Presupuesto de pago a proveedores

Del mismo modo que se proyectan las cobranzas, es necesario planificar financieramente la manera en que se van a llevar a cabo los pagos por las compras efectuadas. Para ello, es necesario conocer la política de pagos de la empresa. Si la compañía pagara el 100% de sus compras correspondientes al mes de enero al contado, en febrero sólo tendría un presupuesto de pagos por lo que está expresado en el presupuesto de compras de febrero, y en marzo la situación sería la misma. En enero, a su vez, habría que analizar si la empresa tiene pendientes pagos a proveedores en su estado de situación patrimonial al 31 de diciembre anterior. Supongamos que éste fuera el caso, y que en diciembre existieran pagos a proveedores pendientes por $ 482.500 que se pagan en enero. De ser así, el presupuesto de pago a proveedores quedaría conformado de esta manera:

Presupuesto de pago a proveedores	**Enero**	**Febrero**	**Marzo**	**Totales**
Diciembre	482.500,00	-	-	482.500,00
Enero	78.600,00	-	-	78.600,00
Febrero	-	144.900,00	-	144.900,00
Marzo	-	-	172.200,00	172.200,00
Total presupuesto de pago a prov.	**561.100,00**	**144.900,00**	**172.200,00**	**878.200,00**

Del cuadro antes expuesto se desprende, entonces, la interrelación clara y estrecha entre el presupuesto de compras y el presupuesto de pagos, dado que constituyen un ciclo de negocios inescindible, inseparable. Mientras que el primero es económico, el segundo, el de pagos, es un típico presupuesto financiero que considera el movimiento real de efectivo que tiene lugar en la compañía.

Presupuesto de gastos

Del mismo modo en que resulta fundamental proyectar los ingresos, es importante prever el nivel de gastos a realizar. Este presupuesto es de tipo económico, dado que su estimación se vincula con la afectación de los resultados por el devengamiento de los gastos, sin importar el momento en el que los mismos se abonan.

Estos gastos pueden ser fijos o variables, puesto que existen erogaciones cuya cuantía depende del volumen de actividad. Típicamente, en un presupuesto de gastos se incluyen los siguientes conceptos:

- Sueldos y sus respectivas cargas sociales: se proyecta su imputación a gastos en el mes en que se devenguen, sin importar si se pagan dentro del mismo mes o posteriormente;
- Sueldo anual complementario o aguinaldo: por ejemplo, el decimotercer sueldo se puede pagar en dos veces en un mismo año; sin embargo, su afectación al gasto debe efectuarse mensualmente, con independencia de la fecha de su pago; si no fuera así, se "castigaría" en exceso al mes de pago, siendo que lo correcto es distribuir proporcionalmente su carga a lo largo del período presupuestado (si es un sueldo adicional al año, se calcula 1/12 o 8,33% mensual);
- Gastos generales fijos o variables: se imputan al gasto más allá del momento de su pago (por ejemplo, alquileres, mantenimiento, limpieza, etc.);

- Gastos de comercialización fijos y variables: existen gastos que deben ser asumidos por la empresa para poder realizar las ventas, algunos de los cuales guardan una relación proporcional con las unidades a vender (por ejemplo, las comisiones), y otros que deben considerarse sin importar el volumen de ventas (por ejemplo, promociones);
- Tributos que no generan un crédito fiscal: por ejemplo, tasas o impuestos provinciales como el Impuesto sobre los Ingresos Brutos (en Argentina), cuyo cálculo se realiza de forma proporcional al volumen de ventas. En este sentido, es importante diferenciar a este tipo de tributos de impuestos tales como el Impuesto al Valor Agregado (IVA), que se paga por diferencia entre débitos y créditos originados en compras y ventas;
- Depreciaciones: la amortización mensual de los bienes de uso no genera un movimiento de fondos, pero sí representa un concepto que debe ser reconocido en forma mensual en la proyección de gastos de acuerdo al coeficiente respectivo.

Presupuesto de pagos varios

Así como el presupuesto de compras tiene su correlato financiero en el presupuesto de pago a proveedores, el presupuesto de gastos está íntimamente vinculado al presupuesto de pagos varios. En él, se realiza una proyección financiera acerca de la manera en que se abonarán los ítems incluidos en el presupuesto de gastos.

Debe tenerse en cuenta, en primera medida, que no todos los elementos especificados en el presupuesto de gastos estarán contemplados en el de pagos varios. Típicamente, las depreciaciones constituyen gastos que no generan erogación de fondos, por lo que no deben incluirse en un presupuesto de tipo financiero como lo es el presupuesto de pagos varios.

Adicionalmente, es importante indicar que la manera en que se desarrolla el presupuesto de pagos varios está relacionada con diferentes políticas establecidas por la compañía o por las normas aplicables. Por ejemplo, el momento en que se pagan los sueldos será establecido por la empresa (si decide pagar dentro del mes o al mes siguiente); y, por citar otro caso, la fecha de pago de un impuesto o las cargas sociales surgen de las normas fiscales o de seguridad social aplicables en cada país.

Para ejemplificarlo con valores, analizaremos un caso sencillo de un presupuesto de gastos y su consecuente presupuesto de pagos varios relacionados:

Presupuesto de gastos	Enero	Febrero	Marzo	Total	Comentario
Sueldos	100.000	110.000	125.000	335.000	Se pagan en el mismo mes en que se devengan
Gastos generales	25.000	25.000	25.000	75.000	Se pagan a los 30 días
Gastos comerciales variables	12.000	14.000	17.500	43.500	Se pagan en el mismo mes en que se devengan
Ingresos Brutos	3.600	4.200	5.250	13.050	Se pagan a los 5 días del mes siguiente
Amortización	2.000	2.000	2.000	6.000	No genera erogación de fondos

Presupuesto de pagos varios	Enero	Febrero	Marzo	Totales
Diciembre	95.000 (1)			95.000
Enero	112.000 (2)	28.600 (5)		140.600
Febrero		124.000 (3)	29.200 (6)	153.200
Marzo			142.500 (4)	142.500
Total presupuesto de pagos varios	207.000	152.600	171.700	531.300

A partir del análisis de este sencillo presupuesto de pagos varios para el período enero - abril, es necesario realizar algunas acotaciones:

- En el mes de enero, se pagan los gastos devengados en diciembre cuya fecha de pago se presupuestó para enero (1);

- En el mes de enero, se presupuesta abonar los gastos del mes que corresponde abonar dentro del período (2), así como en febrero (3) y en marzo (4);
- En el mes de febrero, se abonan los gastos de enero que por la política de pagos o las normas vigentes corresponde pagar dentro del mes siguiente (5); lo mismo sucede con los gastos de febrero que se presupuesta abonar en marzo (6);
- Debe notarse que quedarán pendientes gastos de marzo a pagar en abril; ello, junto con otros conceptos como las ventas que se cobran deberá reflejarse en el estado de situación patrimonial proyectado (balance proyectado).

Presupuesto de Tesorería

Se trata de un presupuesto netamente financiero, donde lo que se procura es proyectar el movimiento del flujo de caja dentro del período analizado. Este presupuesto se formula con la estimación prevista de fondos disponibles en caja, bancos y valores de sencilla realización. También se denomina presupuesto de caja o de efectivo, dado que consolida las diversas transacciones relacionadas con la entrada de fondos monetarios (cobranzas, recuperaciones de cartera, ingresos financieros, etc.) o con salida de fondos líquidos ocasionados por los pagos a proveedores, pagos varios (incluyendo el pago de la nómina), impuestos, dividendos, entre otros. Es decir, todo lo que afecte, en forma positiva o negativa, la posición de caja.

Debe tenerse en cuenta que el saldo inicial de un presupuesto de Tesorería estará dado por la posición real de disponibilidades al final del período anterior, y que el saldo final de cada mes es equivalente al saldo inicial del mes siguiente. Por otro lado, el saldo final del presupuesto de Tesorería correspondiente al período presupuestado constituirá un elemento a considerar en el balance proyectado, dentro del activo corriente. Para dar un ejemplo, a continuación se presenta un caso simple de un presupuesto de Tesorería para el período enero – marzo:

	Enero	Febrero	Marzo	Total
Ingresos:				
Saldo Inicial	100.000 (1)	85.000	60.500	100.000
Cobranzas:	200.000	300.000	320.000	820.000
Venta de activos fijos	-	800.000	-	800.000
Total Ingresos	**300.000**	**1.185.000**	**380.500**	**1.720.000**
Egresos:				
Proveedores	50.000	60.000	65.000	175.000
Sueldos	100.000	110.000	115.000	325.000
Impuestos y cargas sociales	25.000	35.000	40.000	100.000
Otros gastos	40.000	44.500	50.000	134.500
Pago de dividendos	-	-	75.000	75.000
Compra de inmuebles	-	875.000	-	875.000
Total Egresos:	**215.000**	**1.124.500**	**345.000**	**1.684.500**
Saldo de Caja:	**85.000**	**60.500**	**35.500**	**35.500**

(1) Corresponde al saldo de disponibilidades al 31 de diciembre del año anterior

Estado de Resultados proyectado

Anteriormente, se indicó la importancia de incluir dentro de los presupuestos económicos al presupuesto de gastos, dado que éste debe contemplar todas las proyecciones que afecten los gastos fijos y variables. El estado de resultados proyectado está compuesto, principalmente, por el presupuesto de gastos para el período. Sin embargo, este presupuesto no considera dos cuestiones fundamentales que dan lugar a los resultados de una empresa: los ingresos devengados (es decir, las ventas), y al que es, quizás, el concepto más importante en materia de los resultados de signo negativo: el costo de la mercadería vendida o producida.

El costo, por los diferentes métodos que puedan utilizarse (inventario permanente o diferencia de inventario, si se trata de una empresa comercializadora, incluyendo criterios como PEPS o FIFO, UEPS o LIFO, o PPP), debe proyectarse para el período analizado y presentarse en forma adicional al total de presupuesto de gastos calculado para todo el período.

Otro concepto no contemplado previamente y que debe reflejarse en un estado de resultados proyectado tal como sucede en un estado de ganancias y pérdidas que forma parte de un balance, es el cálculo del impuesto sobre la renta o impuesto a las ganancias determinado para el período en cuestión. El resultado final que se presupueste, en definitiva, deberá contemplar la afectación de los ingresos devengados y los gastos por parte de la carga impositiva según la legislación vigente.

De este modo, el estado de resultados proyectado consistirá en elaborar una proyección del estado de ganancias y pérdidas, tal como se elabora para un período vencido en un balance, pero en relación a un lapso de tiempo futuro. A continuación, se expone un ejemplo simplificado (en el que sólo se incluyen algunos gastos, los mismos que se presentan en el presupuesto de gastos tomado como ejemplo dentro de este capítulo) de un estado de resultados proyectado:

Margen Bruto		**850.000**
Gastos (3)		
Sueldos y cargas sociales	335.000	
Gastos generales	75.000	
Gastos comerciales variables	43.500	
Ingresos Brutos	13.050	
Amortización	6.000	
		(472.550)
Resultado Antes Imp.		**377.450**
Impuesto a las Ganancias, 35% (4)		(132.108)
Resultado Neto / Utilidad		**245.343**

(1) Se obtiene del total del presupuesto de ventas
(2) Se debe calcular de acuerdo al método seleccionado
(3) Se obtiene del total del presupuesto de gastos
(4) En este caso, se calcula aplicando directamente la alícuota del 35% sobre el resultado antes de impuestos, sin considerar la existencia de diferencias entre el resultado contable y el impositivo

Estado de situación patrimonial proyectado

Finalmente, dentro de los presupuestos, y a los efectos de cerrar el círculo de proyecciones financieras y económicas, es necesario elaborar un cálculo que presente la manera en que quedarían expresados los activos, pasivos y el patrimonio neto asumiendo que tienen lugar los presupuestos antes calculados.

El estado de situación patrimonial proyectado requiere de un punto de partida inicial, que está representado por el balance que presente la empresa al cierre, antes de iniciarse el período presupuestado. Es decir, un insumo fundamental para proyectar la situación económica consiste en analizar los activos, pasivos y patrimonio al cierre anterior.

Esta proyección, que muestra una fotografía proyectada del balance al cierre del período analizado, se alimenta de los resultados obtenidos en los diferentes presupuestos ya calculados, por lo que constituye el último eslabón en la cadena de la formulación presupuestaria. Algunos conceptos importantes que se consideran para la elaboración de este presupuesto son:

- El presupuesto de disponibilidades surge del saldo final del presupuesto de Tesorería;
- El presupuesto de cuentas por cobrar se obtiene considerando aquellas ventas que fueron pactadas en el período presupuestado pero que, por las condiciones de venta, quedan pendientes de cobro (por ejemplo, si se cobra a 30 días de emitida la factura);
- La existencia final de inventarios surge del presupuesto de compras, o de producción, dependiendo del tipo de actividad que posea la empresa;
- Los Bienes de Uso se obtienen considerando los activos fijos al cierre del período anterior, más las variaciones (altas y bajas) dentro del período presupuestado, regularizándose el rubro con las amortizaciones acumuladas, que deben incluir las depreciaciones presupuestadas para el período en cuestión;
- El presupuesto de cuentas por pagar se calcula considerando, del presupuesto de compras, aquellas que por la política de pagos de la empresa aún quedan pendientes de pago al cierre del período presupuestado;
- El presupuesto correspondiente a las deudas sociales (sueldos y cargas sociales, principalmente) y fiscales, se calcula considerando, del presupuesto de gastos, el momento en que financieramente es necesario erogar los mismos; de esta manera, habrá típicamente gastos devengados en el último mes analizado que quedarán

pendientes de pago para futuros períodos no incluidos en el presupuesto preparado;

- La proyección del patrimonio neto deberá tener en cuenta aspectos tales como:
  - Decisiones de la Asamblea de Accionistas;
  - Pagos de dividendos;
  - Aportes de capital;
  - Capitalización de utilidades;
  - Suma de resultado del período presupuestado a los resultados acumulados.

Concepto de presupuesto integrado

Normalmente, y como se puede evidenciar en este capítulo, la realidad indica que el proceso de presupuestación (sobre todo, en las empresas grandes) resulta complejo de ser llevado a cabo, que es desarrollado por un número elevado de actores y que requiere de una serie de pasos de aprobación y revisión, los cuales precisan de un considerable tiempo de ejecución.

En relación a lo antes mencionado, cabe destacar que debe resaltarse el concepto denominado "presupuesto integrado". Dicho concepto implica que debe existir una relación armónica entre las diferentes partes o módulos del presupuesto, considerando:

- El presupuesto económico (por ejemplo, cuánto se venderá en el período);
- El presupuesto financiero (es decir, la manera en que se cobrarán las ventas antes mencionadas);
- El balance general proyectado (por ejemplo, la posición de Cuentas por Cobrar por las ventas antes indicadas).

Técnica de desarrollo del proceso de presupuestación

Queda claro que el proceso de presupuestación surge de la cuantificación monetaria de las actividades o planes a desarrollar. Ahora bien, ¿cómo pasar de la teoría a la acción? Para ver el tema con mayor detalle, se analizará de una manera muy breve y simple el presupuesto de cobranzas antes desarrollado:

Presupuesto de cobranzas	Enero	Febrero	Marzo	Totales
Diciembre	5.000,00	-	-	5.000,00
Enero	4.000,00	6.000,00	-	10.000,00
Febrero	-	7.000,00	7.000,00	14.000,00
Marzo	-	-	12.000,00	12.000,00
Total cobranzas presupuestadas	**9.000,00**	**13.000,00**	**19.000,00**	**41.000,00**

Las filas indican al mes al que se refieren las ventas que se presupuesta cobrar, y las columnas, al mes en que se cobrarían. Es decir, en enero se cobrarían $ 5.000 que quedaron como Cuentas por Cobrar en el Estado de situación patrimonial al 31 de diciembre del año anterior, y $ 4.000 (esto es, un 40% de las ventas, que se cobran al contado) de ventas del mes de enero; en febrero, se cobran $ 6.000 de ventas correspondientes a enero, y $ 7.000 correspondientes a ventas del mismo mes, y así sucesivamente.

Otro caso que se puede analizar, es el correspondiente al presupuesto de producción antes citado, siempre considerando sólo las unidades, sin valorizarlas:

Presupuesto de Producción (Unidades Producto 1)	Enero	Febrero	Marzo	Totales
Existencia inicial	1.200	2.160	2.700	6.060
Ventas	3.500	3.600	4.500	11.600
Existencia final	2.160	2.700	3.120	7.980
Total a producir (unidades)	**4.460**	**4.140**	**4.920**	**13.520**

La existencia inicial, una vez más, corresponde al stock al 31 de diciembre que debería obtenerse del Estado de situación patrimonial a ese momento; luego, se adicionan las ventas del mes, y la suma de la existencia final más las ventas del mes menos la existencia inicial representa el total a producir en el mes (en otras palabras, debemos producir lo que vamos a vender más lo que queremos que quede en stock, menos lo que teníamos inicialmente). Obviamente, la existencia final de enero es igual a la existencia inicial de febrero, y así continúa el proceso. Debe considerarse que lo que aquí se presenta es simplemente una técnica; lo importante será definir qué política de stock fijará la compañía (por ejemplo, un 30% de las ventas presupuestadas para el mes siguiente), qué niveles de ventas se prevén, etc., y todo ello surgirá del proceso de planificación y presupuestación.

Un caso específico: el presupuesto base cero

El presupuesto base cero es aquel que se realiza sin tomar en consideración las experiencias habidas. Este presupuesto es útil ante la desmedida y continua elevación de los precios (inflación), o frente a exigencias de actualización, de cambio, y aumento continuo de los costos en todos los niveles. Resulta muy costoso, por no considerar informaciones previas, y con información extemporánea.

El presupuesto base cero tiene algunas raíces metodológicas que provienen del sector público, donde típicamente no se producen excedentes presupuestarios en un período determinado. En la concepción de algunos autores, el proceso de análisis de cada partida presupuestaria, comenzando con el nivel actual de cada una de ellas, para después justificar los desembolsos adicionales que puedan requerir los programas en el próximo ejercicio, es típico de una administración pública y no debe ser el procedimiento para decidir en la esfera privada.

Para ello, impulsaron el presupuesto base cero como técnica que sustenta el principio de que para el próximo período el importe de cada partida es cero. Mientras un enfoque da por válido lo ejecutado con anterioridad, otro afirma que nada existe previamente, y que todo debe justificarse a partir de cero, analizando la relación costo – beneficio de cada actividad. El primero de los sistemas (método incremental) modifica las partidas del período anterior, mientras que el segundo transfiere a cada período la responsabilidad de su justificación a los titulares de cada área. La aparición del presupuesto base cero constituyó una reacción al procedimiento del sector público – fundamentalmente cuantitativo y casi nada cualitativo, al menos históricamente – que no sólo no contribuye a un análisis crítico de cada partida, sino que por una especie de inercia, generalmente fomenta un aumento en las erogaciones. Su instrumentación o aplicación comprende varias etapas, siendo la más relevante la de análisis de las unidades o paquetes de decisión, ya que de ésta dependen la mayor parte de los resultados para mejorar su efectividad.

Debe admitirse que el presupuesto base cero resulta muy poco operativo en la práctica, porque exige que cada gerente o responsable empiece todos los años de nuevo, como si su actividad nunca hubiese existido y descubra una nueva forma de trabajo y que además la evalúe relacionando su costo con el beneficio. En un auténtico presupuesto, las partidas del ejercicio anterior siempre se encuentran sujetas a modificaciones o a su eliminación, y deben ser cuidadosamente analizadas y evaluadas en orden a sus destinos.

Sin embargo, se debe destacar que el presupuesto común no implica que las erogaciones anteriores simplemente son ratificadas y a menudo incrementadas. Por el contrario, exige competencia para la revisión periódica de todo lo actuado y la evaluación de la gestión y de las actividades de cada responsable para la definición de las partidas que lo componen.

El presupuesto base cero, en forma complementaria a lo ya mencionado, consiste en un proceso mediante el cual la administración, al ejecutar el presupuesto anual, toma la decisión de asignar los recursos destinados a áreas indirectas de la empresa, de tal manera que en cada una de esas actividades indirectas se demuestre que el beneficio generado es mayor que el costo incurrido. No importa que la actividad esté desarrollándose desde mucho tiempo atrás: si no justifica su beneficio, debe eliminarse; es decir, parte del principio de que toda actividad debe estar sujeta al análisis costo – beneficio.

Seguimiento y actualización de los presupuestos

Los presupuestos no deben considerarse, bajo ningún punto de vista, estructuras estáticas en el tiempo. La realidad puede ir cambiando y, por lo tanto, se hace necesario reajustar los presupuestos de ventas, compras, producción, gastos y pagos a lo largo del año. Estos ajustes surgen, principalmente, del proceso de revisión o monitoreo de la ejecución presupuestaria. Todo ello da lugar a un círculo en el que se refleja el proceso de planificación y presupuestación en forma íntegra, de acuerdo al esquema planteado en el siguiente cuadro:

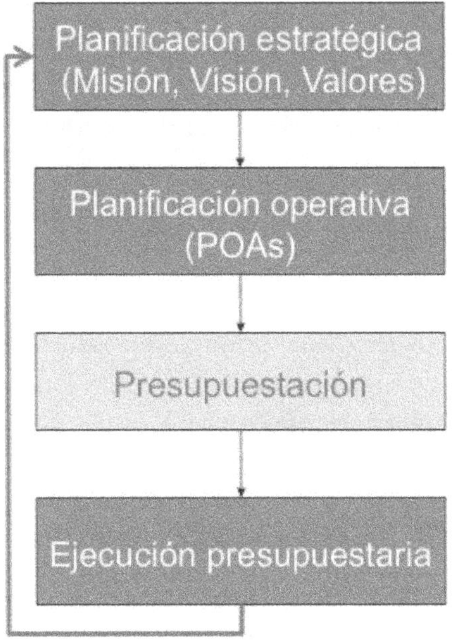

Fuente: elaboración propia

A través de dicho cuadro, puede apreciarse cómo el seguimiento de los presupuestos retroalimenta incluso la planificación estratégica, produciéndose un círculo virtuoso de gestión, asimilable al círculo de calidad de Deming[7].

En relación a lo anterior, cabe destacar que de muy poco sirve, de hecho, un presupuesto que se elabore y no se controle. El proceso de control presupuestario es, para ello, el primer punto del proceso de control de gestión. Si, por ejemplo, planificamos vender 100.000 unidades en el año y al primer trimestre ya hemos vendido 70.000 unidades, será

[7] Deming, W. E., "Calidad, productividad y competitividad", Ed. Díaz de Santos, 1989

necesario ajustar las estimaciones iniciales; para determinar lo antes explicitado, será indispensable un buen sistema de control presupuestario, y que la información llegue a los destinatarios adecuados en el momento oportuno.

En consecuencia, el seguimiento de la ejecución presupuestaria constituye un elemento clave del proceso de monitoreo y control de gestión de la organización. De algún modo, constituye la manera de determinar qué tan alejada se halla la organización de sus objetivos, medidos en forma cuantitativa a través del análisis presupuestario.

Parte 2:
Herramientas de control de gestión

Esta parte del libro se presenta a continuación de haber expuesto los principios acerca de planificación y presupuestación por una cuestión puramente lógica y racional: no es posible medir ni controlar la gestión sin que se haya definido anteriormente el marco de referencia, la línea de base o el punto de partida sobre el cual analizar si la gestión de la organización se está llevando a cabo en forma adecuada o no.

El control de gestión apunta a revisar de manera crítica el desempeño de la organización, comparándolo con un estándar predefinido, de modo de analizar los posibles desvíos y corregirlos en forma oportuna. Para ello, como ya fue mencionado, tiene que existir dicho estándar o parámetro: el plan, el presupuesto. Asimismo, se deben aplicar diferentes herramientas de análisis, escogiendo de un menú de alternativas disponibles de acuerdo a la capacidad institucional, los recursos disponibles y, sobre todo, la cultura organizacional imperante. Típicamente, las actividades de monitoreo se realizan a través de informes de seguimiento, indicadores, tableros de control, aunque la naturaleza y el modo de llevar a cabo el control de la gestión es propio de lo establecido por los directivos de cada organización en particular.

Por otro lado, existen herramientas de apoyo a la gestión institucional que son expuestas en esta parte del libro. Entre ellas, el benchmarking, la reingeniería de procesos, los conceptos modernos de control interno y la administración de riesgos ayudan a las organizaciones a sobrevivir y mejorar la calidad de su gestión en el entorno dinámico y turbulento que la globalización ha creado para el medio ambiente de las entidades de todo tipo.

A continuación, se presentan los instrumentos antes mencionados, a la vez que se mencionan casos emblemáticos (en muchos casos, exitosos) que reflejan el modo en que los conceptos se pueden y deben aplicar en la práctica, en el mundo real. Este libro, en tal sentido, no pretende constituirse en un documento puramente técnico, sino que asimismo procura servir de guía o marco de referencia para los gestores o administradores.

Tableros de control y control de gestión por indicadores

Los indicadores constituyen una de las formas más elementales y tradicionales utilizadas para el control de gestión. Desde los tiempos más remotos, se utilizan diversos métodos basados en indicadores en diferentes ámbitos; por ejemplo, en la antigua Roma, los militares lograban el ascenso dentro del cuerpo castrense, y consecuentemente en la sociedad, a través del éxito en sus campañas de conquista. Y ese éxito se medía, precisamente, a través de estas medidas de desempeño.

Los indicadores de gestión constituyen, en esencia, herramientas utilizadas para determinar el éxito de un proyecto o una organización. Los indicadores de gestión suelen establecerse en el transcurso del proceso de planificación cuya conceptualización se desarrolló previamente en este libro, y son posteriormente utilizados continuamente a lo largo del ciclo de vida del proyecto u organización, para evaluar el desempeño y los resultados. Es por ello que, como fue indicado, se considera que la planificación es un requisito previo para cualquier medición.

No existe una definición única o universal formalmente establecida acerca de los indicadores, aunque se puede destacar el concepto surgido del seno de las Naciones Unidas, que sostiene que los indicadores son "herramientas para clarificar y definir, de forma más precisa, objetivos e impactos (...)

son medidas verificables de cambio o resultado (...) diseñadas para contar con un estándar contra el cual evaluar, estimar o demostrar el progreso (...) con respecto a metas establecidas, facilitan el reparto de insumos, produciendo (...) productos y alcanzando objetivos"[8]. De allí se desprenden algunos conceptos fundamentales, como la necesidad de contar con un estándar (definido en la planificación), y la relación con metas (productos y servicios).

Existen múltiples clasificaciones en relación a los indicadores, aunque no tiene mucho sentido mencionarlas puesto que dichas clasificaciones son útiles en la medida en que se persiga algún fin con la distinción. En este sentido, es importante señalar que los indicadores pueden dividirse en financieros, que son los más tradicionales (tales como liquidez, ROE, ROI, endeudamiento); y no financieros o cualitativos. Ambos tipos son complementarios e importantes para el análisis de la gestión.

Asimismo, para que un indicador de gestión sea útil y efectivo, tiene que cumplir con algunas características, entre las que se destacan:

- Relevante (que tenga que ver con los objetivos estratégicos de la organización);
- Claramente definido (que asegure su correcta recopilación y justa comparación);
- Fácil de comprender y usar;
- Comparable (que se pueda comparar sus valores entre organizaciones, y en la misma organización a lo largo del tiempo);

---

[8] Organización de las Naciones Unidas (ONU). *Integrated and coordinated implementation and follow-up of major.* United Nations conferences and summits. Nueva York, Estados Unidos de América, 10 y 11 de mayo de 1999

- Verificable (que pueda contrastarse el resultado);
- Costo - Efectivo (que no haya que incurrir en costos excesivos para obtenerlos).

Entonces, los indicadores resultan elementales para evaluar, dar seguimiento y predecir tendencias de la situación de una empresa, un país, un Estado o una organización cualquiera en los diversos aspectos relacionados con la gestión, así como para valorar el desempeño institucional encaminado a lograr las metas y objetivos fijados en cada uno de los ámbitos de acción de los planes elaborados.

Tableros de control

El tablero de control se define como una herramienta, utilizada en el campo del control de gestión, aplicable a cualquier organización y nivel de la misma, cuyo objetivo y utilidad básica brindar un panorama preciso sobre una situación. Es decir, se trata de un instrumento de diagnóstico, que brinda una visión general de lo que sucede en una organización, similar a la que un piloto de avión posee al sentarse en su cabina o, más simple, el que muestra un automóvil cuando el conductor se sienta frente al volante.

Asimismo, el tablero de control es entendido como el conjunto de indicadores cuyo seguimiento y evaluación periódica contribuye a contar con un mayor conocimiento de la situación de su organización, para lo cual generalmente suele apoyarse en nuevas tecnologías informáticas. Generalmente, pero no siempre: un error en el que se suele incurrir es pensar que es indispensable llevar a cabo una inversión de gran cuantía o valor para poder contar con un tablero de control, y no es así. Una organización puede llevar un tablero manual o en herramientas informáticas de escritorio, sin mayor esfuerzo ni uso de recursos. En todo caso, un denominador común es que los diferentes tableros se basan fundamentalmente en el uso de indicadores.

Un tablero de control requiere de la definición de las denominadas áreas clave, las cuales se definen como los temas relevantes a monitorear y cuyo fracaso permanente impediría la continuidad y el progreso de su empresa o sector dentro de un entorno competitivo, aun cuando el resultado de todas las demás áreas fuera bueno. Es decir, deben determinarse los aspectos a medir, para los cuales se identifican los indicadores que requieren ser revisados. Y, en este sentido, es importante destacar que en cualquier tablero que una organización desarrolle (luego se analizan los diferentes tipos), sólo deberán incluirse los indicadores clave, y no cualquier medida de desempeño; en otras palabras, sólo debe medirse aquello que tiene sentido analizar, y no acumular cifras y datos innecesarios que confunden a quien los recibe, y no le permiten distinguir lo que es relevante de lo que no lo es. Se debe transformar al mar de datos existente en las organizaciones, en información útil para la toma de decisiones de parte de sus directivos a diferentes niveles.

En relación a lo anterior, los indicadores clave o KPI (por sus siglas en inglés, Key Performance Indicators) están compuestos por los datos, índices, mediciones o ratios que generan información de la situación crítica de cada área clave, enfocándose en aquellos que más impacto poseen y que están más ligados con los factores de éxito. Entonces, el tablero propiamente dicho estará constituido por las áreas e indicadores que sinteticen un diagnóstico completo de situación que, como ya fue comentado, puede llevarse de manera manual, aunque existen herramientas informáticas modernas basadas en tecnología de Business Intelligence o cubos multidimensionales que permiten extraer datos de cualquier sistema que la organización posea sin importar el lenguaje de programación utilizado, para elaborar a partir de ellos los indicadores de manera automatizada. Claro está, esta opción sólo es aplicable para empresas o instituciones cuyos recursos o volumen de ingresos permitan realizar la inversión necesaria en los instrumentos tecnológicos.

Sin importar de qué tipo de tablero se trate y, en forma genérica, algunos de los aspectos más relevantes o en los que debería darse una definición de parte de la organización para la conformación del tablero que permita controlar la gestión, se expresan a continuación:

- Período de los indicadores: día, mes, acumulado del ejercicio, etc.;
- Apertura: forma en la cual se podrá abrir y clasificar la información para acceder a sucesivos niveles de desagregación, en tablas o matrices multidivisionales por producto, sector geográfico, dimensión de análisis, etc.;
- Frecuencia de actualización: tiempo que transcurre entre distintas actualizaciones de los datos; por ejemplo: permanente, diaria, semanal, mensual;
- Referencia: establecer la base sobre la cual se desean calcular las desviaciones. Puede ser un estándar, la historia, el mes anterior, el promedio de los últimos doce meses, el presupuesto inicial o revisado, un objetivo o una meta, etc.;
- Parámetro de alarma: niveles por encima o por debajo de los cuales el indicador es preocupante; por ejemplo más o menos 10% sobre una base de referencia;
- Gráfico: elección de la forma de representar gráficamente los distintos indicadores; por ejemplo, barras, gráfico de tortas, líneas, etc.;
- Responsable de monitoreo: definir quién debe supervisar y hacerse cargo de la medición del indicador (no debe confundirse con responsabilizar por el resultado).

Tipos de tableros de control

En función del contenido que poseen, y de los destinatarios o usuarios de la información que incluyen, se pueden diferenciar algunos tipos de tableros de control, los cuales se mencionan a continuación:

- Tablero de control Operativo: permite hacer un seguimiento, generalmente diario, del estado de situación de un sector o proceso de la organización. Es por ello que. gráficamente, este tablero se suele asociar con los niveles más bajos de la pirámide organizacional, dado que se enfoca a proveer la información que se necesita para entrar en acción y tomar decisiones operativas en áreas como las finanzas, compras, ventas, precios, producción, logística, etc.
- Tablero de control Directivo: se focaliza fundamentalmente hacia el monitoreo de indicadores de los resultados internos de la empresa en su conjunto y en el corto plazo, con una frecuencia que suele ser mensual. Lleva su nombre porque se orienta a brindar información a los gerentes o directivos de las diferentes áreas, por lo que organizacionalmente se ubica en un escalón superior al tablero operativo.
- Tablero de control Estratégico: se diseña con el objeto de proveer información interna y externa necesaria para conocer la situación y monitorear el posicionamiento estratégico y a largo plazo de la organización. Orientado a brindar un estado de situación a la Gerencia General, se dirige hacia los estamentos superiores de la organización.
- Tablero de Comando Integral (o Balanced Scorecard): este tipo de tableros, a diferencia de los anteriores, relaciona las mediciones con la estrategia de la organización, dividiendo a los indicadores en cuatro perspectivas. Se analizará en forma separada más adelante.

Los primeros tres tipos de tableros de control antes mencionados y su correspondiente relación con los diferentes niveles de la estructura organizacional, pueden ser apreciados en el gráfico expuesto a continuación:

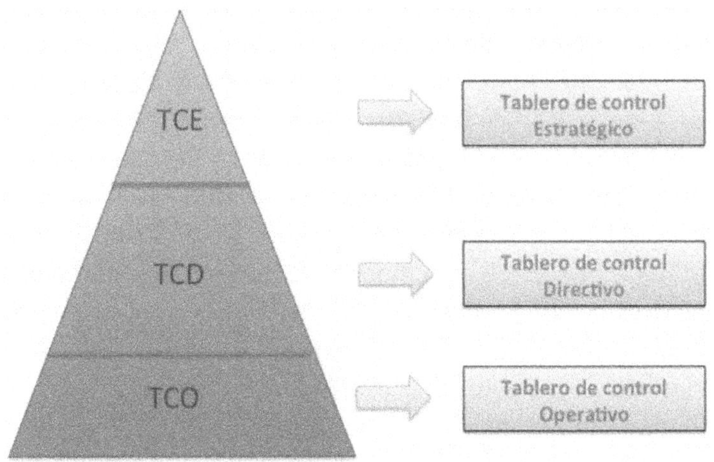

Fuente: elaboración propia

Un caso particular: Tablero de Comando Integral o Balanced Scorecard

El Tablero de Comando Integral es analizado en forma separada en este libro por varios motivos. En principio, porque se trata de una metodología relativamente reciente en el campo de las ciencias de la administración, ya que se trata de una herramienta contemporánea a la publicación de este texto. Por otro lado, debido a que consiste en un método novedoso en cuanto a la vinculación de la planificación estratégica y definición de objetivos con el control de gestión; es decir, precisamente relaciona a las dos partes de este libro: la planificación y presupuestación asociada al control de gestión, el círculo de Deming completo - Plan, Do, Check, Act.

El concepto de Tablero de Comando Integral o Cuadro de Mando Integral – CMI (Balanced Scorecard – BSC) fue presentado en el número de enero - febrero de 1992 de la revista Harvard Business Review, con base en un trabajo realizado para una empresa de semiconductores (Analog Devices, Inc.). Sus autores, Robert Kaplan y David Norton, plantearon en dicho artículo que el Tablero de Comando Integral es un sistema de administración (Management system), que va más allá de la perspectiva financiera con la que los gerentes acostumbran evaluar la marcha de una empresa. Es decir, que los indicadores que debían medirse y considerarse en un tablero debían exceder las cuestiones financieras, enfocándose en aspectos vinculados con a gestión organizacional vista en su conjunto. Hasta allí, nada revolucionario ni demasiado innovador...

En realidad, la verdadera novedad de esta metodología consiste en que se trata de una herramienta de control de gestión que se orienta a medir las actividades de una organización en términos de su visión y estrategia, proporcionando a los administradores una mirada global de las prestaciones del negocio. Los anteriores conceptos sobre tableros de control se centraban en la necesidad de medir a través de indicadores, pero no se efectuaba una mención expresa a su vinculación con los objetivos estratégicos. Lo que ha sucedido después del lanzamiento del concepto de CMI o BSC al mercado, es que se produjo un furor en términos del marketing que se generó en relación al mismo y al posterior libro "El cuadro de mando integral", de Kaplan y Norton, y a partir de allí se empezaron a confundir los conceptos: hoy en día, cuando alguien se quiere referir a un sistema de indicadores habla de Tablero de Comando Integral, cuando en realidad el CMI (o BSC, se mencionan en este libro de manera indistinta) es sólo un método específico; en realidad, la mayoría de las veces en que se menciona al BSC, se está pensando en el concepto de tablero de control.

Por lo anterior, es importante distinguir claramente lo que significa e implica un Tablero de Comando Integral. En este sentido, el BSC constituye una herramienta de gestión que muestra continuamente cuándo una compañía y sus empleados alcanzan los resultados definidos por el plan estratégico, o cuánto de dichas metas logran obtener. También es una herramienta que ayuda a la compañía a expresar los objetivos e iniciativas necesarias para cumplir con la estrategia. A diferencia de ello, un tablero de control tal como fue definido previamente, se focaliza en la medición, pero sin vincular directamente a los indicadores con la estrategia.

Según mencionado el libro "The Balanced Scorecard: Translating Strategy into Action", Harvard Business School Press, Boston, 1996, "el BSC es una herramienta revolucionaria para movilizar a la gente hacia el pleno cumplimiento de la misión, a través de canalizar las energías, habilidades y conocimientos específicos de la gente en la organización hacia el logro de metas estratégicas de largo plazo. Permite tanto guiar el desempeño actual como apuntar al desempeño futuro. Usa medidas en cuatro categorías -desempeño financiero, conocimiento del cliente, procesos internos de negocios y aprendizaje y crecimiento- para alinear iniciativas individuales, organizacionales y transdepartamentales e identifica procesos enteramente nuevos para cumplir con objetivos del cliente y accionistas. El BSC es un robusto sistema de aprendizaje para probar, obtener realimentación y actualizar la estrategia de la organización. Provee el sistema gerencial para que las compañías inviertan en el largo plazo -en clientes, empleados, desarrollo de nuevos productos y sistemas más que en gerenciar la última línea para bombear utilidades de corto plazo. Cambia la manera en que se mide y gerencia un negocio"[9].

El BSC, como se indicó, dentro de sus innovaciones y diferenciaciones respecto de los tableros de control tradicionales, sugiere que se analice a la organización desde cuatro perspectivas, cada una de las cuales debe responder a una pregunta determinada:

- Desarrollo y Aprendizaje (Learning and Growth): ¿Podemos continuar mejorando y creando valor?
- Interna del Negocio (Internal Business): ¿En qué debemos sobresalir?
- Del cliente (Customer): ¿Cómo nos ven los clientes?
- Financiera (Financial): ¿Cómo nos vemos a los ojos de los accionistas?

Entonces, lo que distingue al BSC de los tableros de control tradicionales es que se constituye en una herramienta de control de la gestión estratégica de la empresa o institución, que consiste en:

- Formular una estrategia consistente y transparente, agregando valor al proceso de planificación y definición de objetivos;
- Comunicar la estrategia a través de la organización, empoderando a las diferentes áreas a través de la asignación de objetivos e indicadores vinculados con la estrategia;
- Coordinar los objetivos de las diversas unidades organizativas, en función de la necesidad de alinear la estrategia con los indicadores a ser medidos para cada una de las perspectivas;

---

9 Norton y Kaplan: "The Balanced Scorecard: Translating Strategy into Action", Harvard Business School Press, 1996

- Conectar los objetivos estratégicos y operacionales con la planificación financiera y presupuestaria, dado que se tienen que medir los indicadores relacionados con la perspectiva financiera vinculándolos con la estrategia global;
- Identificar y coordinar las iniciativas estratégicas, a través de la definición de indicadores vinculados con aquéllas;
- Medir de un modo sistemático la gestión, proponiendo acciones correctivas oportunas que retroalimenten el proceso de planificación.

El Balanced Scorecard, en definitiva, provee el marco para trasladar la estrategia a términos operativos, y sirve para comunicar a todos los niveles el cambio estratégico y establecer las bases de un proceso administrativo organizado por procesos y no por funciones, como erróneamente la mayor parte de las organizaciones del mundo se gestionan[10].

El BSC y su valor como herramienta gerencial

El Tablero de Comando Integral, como fue señalado previamente, parte de la visión y estrategias de la empresa, define los objetivos financieros requeridos para alcanzar la visión, los que a su vez serán el resultado de los mecanismos y estrategias que rijan nuestros resultados con los clientes. Los procesos internos se planifican para satisfacer los requerimientos financieros y de clientes. Finalmente, la metodología reconoce que el aprendizaje y crecimiento es la plataforma donde reposa el sistema y donde se definen los objetivos planteados para esta perspectiva.

La ventaja primordial de la metodología es que no se circunscribe solamente a una perspectiva, sino que las considera simultáneamente, identificando las relaciones entre ellas. De

---

[10] Laski, J. "Herramientas modernas para la gestión organizacional: controles internos y gestión por procesos", Editorial Libros En Red, 2009

esta forma, es posible establecer una cadena causa - efecto que permita tomar las iniciativas necesarias a cada nivel. Conociendo cómo se enlazan los objetivos de las diferentes perspectivas, los resultados de los indicadores que se obtienen progresivamente permiten ver si hay que hacer ajustes en la cadena, iniciativas o generadores de valor, para asegurar que se cumplan las metas a niveles superiores de la secuencia. Así, se fortalecen los recursos humanos, tecnológicos, de información y culturales en la administración exigida por los procesos, y estos se alinean con las expectativas de clientes, lo que finalmente será la base para alcanzar los resultados financieros que garanticen el logro de la visión.

Perspectivas del BSC

A continuación, se describen brevemente las características de cada una de las perspectivas del Tablero de Comando Integral:

1. Perspectiva Financiera

Tiene como objetivo responder a las expectativas de los accionistas. Está particularmente centrada en la creación de valor para el accionista con altos índices de rendimiento y garantía de crecimiento y mantenimiento del negocio. Típicamente, prevé la inclusión de los indicadores financieros, algunos de los cuales se mencionan a continuación:

- Ingresos;
- Liquidez;
- Valor Económico Agregado (EVA);
- Retorno sobre Capital Empleado (ROCE);
- Margen de Operación;
- Rotación de Activos;
- Retorno de la Inversión (ROI);

- Retorno sobre el Capital (ROE);
- Relación Deuda – Patrimonio;
- Inversión como porcentaje de las ventas.

2. Perspectiva de Clientes

Del logro de los objetivos que se plantean en esta perspectiva dependerá en gran medida la generación de ingresos, y por ende la "generación de valor" ya reflejada en la Perspectiva Financiera. La única forma de mantener o incrementar el nivel de ingresos de una empresa, es poniendo el foco en la captación, satisfacción y fidelización de los clientes. Los indicadores más comunes previstos o contemplados dentro de esta perspectiva incluyen los siguientes:

- Cantidad de clientes captados en un período de tiempo;
- Nivel de satisfacción de clientes (medidos normalmente a través de encuestas o de reclamos);
- Desviaciones en Acuerdos de Servicio o SLA (Service Level Agreements);
- Reclamos resueltos sobre el total de reclamos;
- Incorporación y retención de clientes (fidelización);
- Participación en el mercado (market share).

3. Perspectiva de Procesos Internos

En esta perspectiva, se identifican los objetivos e indicadores estratégicos asociados a los procesos clave de la organización o empresa de cuyo éxito depende la satisfacción de las expectativas de clientes y accionistas. Usualmente, esta perspectiva se desarrolla luego que se han definido los objetivos e indicadores de las perspectivas Financiera y de Clientes, puesto que debe analizarse de qué manera estructurar los procesos para satisfacer a los clientes y, de ese modo, obtener beneficios.

Esta secuencia logra la alineación e identificación de las actividades y procesos clave, y permite establecer los objetivos específicos que garanticen la satisfacción de los accionistas y clientes. Es recomendable que, como punto de partida, se desarrolle la cadena de valor o modelo del negocio asociado a la organización. Luego, se establecerán los objetivos, indicadores, generadores de valor e iniciativas relacionados. Dichos objetivos, indicadores e iniciativas serán un reflejo firme de estrategias explícitas de excelencia en los procesos que permitan asegurar la satisfacción de las expectativas de accionistas, clientes y socios.

Los indicadores de esta perspectiva deben estar encadenados a la naturaleza misma de los procesos propios de la organización, por lo que su definición es particular y difícilmente pueda estandarizarse. De todos modos, algunos indicadores de carácter genérico asociados a procesos son:

- Tiempo de ciclo del proceso;
- Costo unitario por actividad;
- Niveles de producción;
- Costos de fallas en los procesos;
- Costos de reproceso, desperdicios o mermas;
- Beneficios derivados del mejoramiento continuo – Reingeniería (ver capítulo dentro de este libro);
- Eficiencia en uso de los Activos.

4. Perspectiva de Aprendizaje Organizacional

La cuarta perspectiva se refiere a objetivos e indicadores que sirven para medir las capacidades particulares de la organización. Dichas capacidades se basan en las competencias fundamentales del negocio, que incluyen las habilidades de su gente, el uso de la tecnología como generador de valor, la disponibilidad de información estratégica que asegure la oportuna toma de decisiones y la creación de un clima cultural particular para desarrollar o mejorar las acciones transformadoras del negocio. Cada vez más se enfatiza la importancia de estos valores a través de conceptos como aprendizaje organizacional, gestión del conocimiento o knowledge management, por lo que la inclusión de esta perspectiva en 1992 resultó verdaderamente innovadora.

Algunos indicadores típicos de esta perspectiva incluyen:

- Margen de competencias clave (relacionadas con el personal o el talento humano);
- Desarrollo de competencias clave por parte de los recursos humanos;
- Retención de personal clave (es decir, el nivel de rotación del personal clave a lo largo del tiempo);
- Captura y aplicación de tecnologías y valor agregado por las mismas;
- Disponibilidad y uso de la información estratégica (no solamente orientado a que se produzcan informes, sino también a la utilización que se haga de dicha información);
- Progreso en sistemas de información estratégica;
- Satisfacción del personal;
- Clima organizacional (medido generalmente a través de encuestas de clima o de reclamos del personal).

Implementación de un tablero de control

En forma sintética, en esta sección del capítulo se analizan y describen los pasos fundamentales para la implementación de un tablero de control (dentro de los cuales podemos incluir al Tablero de Comando Integral) en cualquier organización, para servir como guía para el desarrollo de esta herramienta de control de gestión. Las diferentes etapas a considerar se enumeran a continuación:

1. Análisis de la situación, efectuando un diagnóstico de la necesidad de información que tenga la organización en términos genéricos;
2. Selección del tipo de tablero a implementar, en función del diagnóstico indicado en el punto anterior y del estudio de las necesidades según las prioridades establecidas
3. Definición de áreas clave de acuerdo a la definición antes mencionada; es decir, aquellas cuyo desempeño resulta crítico para el éxito de la organización;
4. Selección de indicadores clave o KPI (Key Performance Indicators) en virtud del tipo de tablero seleccionado y escogido;
5. Definición de las características de cada indicador a ser medido, incluyendo la frecuencia, gráfico, parámetros de alarma o semaforización, responsables, etc.;
6. Configuración del tablero de control según las necesidades y la información obtenida.

En síntesis, y para concluir sobre la importancia del BSC, se puede afirmar que más allá de haberse impuesto como una moda en cuanto a la difusión del concepto siendo que gran parte de su contenido ya existía previamente, la herramienta puede considerarse, en parte, innovadora. El Tablero de Comando Integral se nutre de indicadores financieros y no financieros, del mismo modo que cualquier tablero de control; pero, a diferencia de los demás tableros, proporciona un enfoque basado en las perspectivas que permite asociar la medición de indicadores con la visión, misión y objetivos estratégicos, alineando la gestión en pos de la consecución de las metas y creando conciencia de control en forma paralela a la enfatización de la cultura estratégica. Este, tal vez, es el mayor valor de esta herramienta creada por Norton y Kaplan en 1992.

Caso de éxito de implementación de un tablero de control: compañía de aeronavegación British Airways[11]

British Airways (BA) es la aerolínea de bandera del Reino Unido, con sede en Waterside, cerca de su principal base de operaciones sita en el aeropuerto de London Heathrow (Londres). Resultado de la fusión de dos líneas aéreas estatales británicas, BA es una de las principales compañías del sector en Europa y en el mundo.

En los años 80, la compañía era presidida por Sir John King, posteriormente Lord King, quien se propuso renovar totalmente a la empresa concentrándose en sólo un Key Performance Indicator (KPI). Lord King contrató, en ese momento, a un grupo de consultores para investigar sobre cuáles métricas críticas debía concentrarse para reestructurar la aerolínea. Los profesionales, como resultado de su trabajo, le sugirieron a Lord King concentrarse en un único factor crítico: la puntualidad en la salida y arribo de los vuelos. Lord King no pareció sorprenderse con este consejo, ya que todos los que trabajan en la industria del transporte saben de la importancia de la puntualidad en los vuelos. Sin embargo, los consultores insistieron en que se concentrara únicamente en este aspecto y por ende en definir métricas relacionadas a las demoras en las salidas y los arribos.

A partir de entonces, Lord King era notificado, en cualquier lugar del mundo donde se hallase, si algún vuelo de BA estaba demorado más allá de determinada tolerancia. Rápidamente, los operadores de vuelos y gerentes de BA sabían que apenas un vuelo estuviera demorado, recibirían un llamado de Lord King, o de alguno de sus asesores o colaboradores directos. No

11 Basado en "Los KPI y el Balanced Scorecard vinculado", Miguel Rivas Roces

hay que olvidarse del momento en que se llevó a cabo este trabajo y la manera en que las comunicaciones tenían lugar entonces: no había Internet ni teléfonos celulares, ni mucho menos smartphones... Como resultado de esta medida, la empresa, en poco tiempo, ganó fama y reputación por la puntualidad en sus vuelos.

Ahora bien, ¿cómo es que tuvo lugar esta experiencia? Los KPI definidos para vuelos demorados fueron vinculados con los indicadores más críticos de la línea aérea. La importancia de los KPI relacionados con la puntualidad en los vuelos puede apreciarse por su impacto en las seis perspectivas del tablero de control diseñado para BA, una adaptación de lo que luego se entendería como Balanced Scorecard (las perspectivas "Satisfacción de Empleados" y "Medio Ambiente y Comunidad" fueron agregadas a las cuatro perspectivas tradicionales). Las seis perspectivas antes mencionadas se definieron y diseñaron del modo expuesto en el cuadro presentado a continuación:

ECONÓMICO - FINANCIERO	CLIENTE	MEDIO AMBIENTE Y COMUNIDAD
Uso de activos	Servicios sin error	Apoyo de empresas locales
Optimización del capital de trabajo	Crecimiento de clientes	Programa Green Globe 21
Concentración en los 10 clientes top	Satisfacción de clientes	Liderazgo comunitario
PROCESOS INTERNOS	**SATISFACCIÓN DE EMPLEADOS**	**APRENDIZAJE Y CRECIMIENTO**
Entrega puntual	Cultura de empresa positiva	Empowerment
Relaciones productivas con accionistas	Retención del staff crítico	Mejorar experiencia
Optimización de la tecnología	Mejorar reconocimientos	Adaptabilidad

Habiendo definido dichos indicadores y perspectivas, los consultores llegaron a la conclusión de que distorsiones en la puntualidad (el aspecto crítico que se determinó como el único punto sobre el cual trabajar) afectaban, siempre, a todas las perspectivas identificadas. El trabajo de los consultores se basó en el diagnóstico que determinó que los vuelos demorados:

- Incrementaban los costos de varias maneras, tales como mayores fees cobrados por aeropuertos y el costo de alojar a los pasajeros por al menos una noche, etc.;
- Llevaban al enojo de los clientes y de gente afectada por los vuelos demorados, como familiares y colegas de negocios, que podrían ser potenciales clientes en el futuro;
- Desarrollaban una imagen negativa en la comunidad, lo que engendra dificultades para incorporar nuevo personal crítico en el futuro;
- Producían derroche de recursos tales como comida (que debía desecharse) y combustible;
- Generaban un impacto negativo en el staff, y acostumbraban a los empleados a manifestar y desarrollar malos hábitos;
- Producían y fomentaban relaciones conflictivas con proveedores y cuadro de cumplimiento de servicios, lo cual redundaba en servicios de baja calidad;
- Generaban un deterioro en el ambiente laboral, dado que los empleados debían lidiar con pasajeros enojados y con el stress extra que todo vuelo demorado ocasionaba.

En virtud de lo anterior, se justificó la necesidad de trabajar sobre un único aspecto crítico (KPI, según la definición antes expuesta), dado su impacto en los diversos asuntos sujetos a la medición dentro del tablero de control de la compañía.

En este caso, queda clara la manera en que se desarrollan los pasos tendientes a conformar un tablero de control: primero, se analizan los factores críticos o áreas clave; luego, se determinan y definen los indicadores a medir, y los destinatarios de la información; y posteriormente, se establecen las características de los indicadores. En el ejemplo de British Airways aquí analizado, la cultura de medición de la gestión enfatizada a través de la elaboración del tablero redundó en la mejora de la calidad de los servicios prestados por la compañía.

El control interno como pilar del control de gestión

El control interno, tradicionalmente, se enfocó hacia cuestiones contables o financieras, asociándose exclusivamente a aspectos de fiscalización y auditoría. Sin embargo, con el correr del tiempo, el foco conceptual se ha modificado por completo: hoy en día, es posible e incluso necesario vincular al control interno con los principios y buenas prácticas de gobierno corporativo con lo que, en definitiva, el desarrollo de un sistema de control interno apropiado termina convirtiéndose en una poderosa herramienta de gestión organizacional[12].

En el presente capítulo del libro, se analiza la manera en que el control interno, de acuerdo a las definiciones modernas y vigentes en la actualidad, puede convertirse en un soporte metodológico que provea la posibilidad de contribuir con una buena gestión con un doble alcance: como instrumento de evaluación de la gestión, y sirviendo como marco de referencia, como compendio de buenas prácticas, a partir del cual se pueda mejorar la calidad del accionar institucional.

Evolución del concepto de control interno

Tal como fue comentado previamente, la noción de "control" ha variado considerablemente a lo largo de las últi-

---

12 Laski, J.: "Herramientas modernas para la gestión organizacional: controles internos y gestión por procesos", Editorial Libros En Red, 2009

mas décadas, pasándose de una visión tradicional basada en verificaciones detectivas o correctivas, hacia una orientación más amplia que prioriza la necesidad de establecer sistemas preventivos de control.

Desde siempre, ha existido una sustancial diferencia en cuanto al entendimiento del concepto de control entre la cultura latina y la cultura anglosajona. Según la primera de ellas (originada principalmente en los países latinos de Europa y luego difundida hacia nuestro continente), control se asocia con "verificación o examen", contribuyendo a constatar desviaciones entre lo previsto y lo realizado. En cambio, considerando los principios de la cultura anglosajona, control significa "guía, impulso correctivo", donde subyace la idea de acción correctiva inmediata. Como puede apreciarse, esta última posee una inclinación más positiva, puesto que involucra la noción de proactividad en un contexto que promueva la prevención, más que de juzgar hechos pasados.

Antiguamente, la noción globalmente difundida del control interno consideraba a éste a partir de un enfoque eminentemente operativo – contable, donde los controles de tipo "hard" eran los únicos aceptados, y mediante los cuales se buscaba fundamentalmente verificar ex ante o ex post que se cumplieran ciertos requisitos legales o normativos de las operaciones contables de una organización. En este sentido, es relevante señalar que la literatura gerencial moderna abandona la connotación de control y la sustituye por otras de las que se derivan las nociones de retroalimentación y aprendizaje, ya que la idea de control se asocia invariablemente a la vertiente contraria al espíritu del COSO. Quizá pueda considerarse que el Modelo COSO adolece de un problema semántico en cuanto a la temática que trata, ya que COSO viene a romper los esquemas de lo que siempre se consideró como "control". Probablemente se trate de un subposicionamiento del concepto de control, el cual no se vincula en el pensamiento de la gente con una herramienta que agrega valor, sino mucho más con la idea de "mal necesario".

Fundamentalmente debido a las presiones existentes como consecuencia del fracaso de los sistemas antiguos de control que no contribuyeron a evitar grandes fraudes contables y financieros, diversas organizaciones y agrupaciones de profesionales del área de Contabilidad de diferentes países elaboraron nuevos modelos basados en una visión moderna e integrada. Los enfoques más conocidos de control interno diseñados durante los últimos veinte años son los Modelos COSO, CoCo, Combined Code y Cadbury. Entre éstos, el Modelo COSO (de origen estadounidense) es el que mayor difusión ha adquirido, especialmente en el continente americano.

Una de las razones más importantes que han originado una fuerte expansión del Modelo COSO reside en el hecho de que incrementa las probabilidades de que una organización se gestione de manera eficiente, proveyendo un enfoque integral y herramientas institucionales que sirven de apoyo para encarar medidas de mejora continua.

Es importante destacar que la metodología aquí expuesta provee una seguridad razonable (y no absoluta) en cuanto a su contribución a la mejora en la gestión organizacional. En este sentido, es posible mencionar que por un lado, los directivos de una organización que cuente con la más sólida estructura de control, pueden de todos modos tomar decisiones de negocios equivocadas que la lleven a fracasar en relación a los objetivos que se ha propuesto. Y, por otro lado, una organización puede ser altamente eficaz en lo que respecta al logro de sus metas pese a no contar con una estructura de control adecuada.

Concepto tradicional de control interno

Las primeras aproximaciones conceptuales

La primera noción de control interno fue establecida por el Instituto Americano de Contadores Públicos Certificados (AICPA) en 1949 y a través de las modificaciones incluidas en SAS Nro. 55 en 1978. El control interno, de acuerdo a esta concepción tradicional, constituía una herramienta cuya función básica era detectar si las organizaciones funcionaban del modo en que lo deseaban sus directivos o accionistas. Esto es, ayudaba a establecer si su patrimonio estaba protegido de la posibilidad de que ocurriera dolo o fraude, y contribuía a determinar si los informes financieros se correspondían con la realidad de la situación de la organización.

Dentro de la mencionada visión tradicional de control, los propietarios, gerentes, empleados y otras personas relacionadas con la organización veían al director financiero, al controller, o al auditor interno como aquellas personas que poseían la responsabilidad primaria de asegurarse que los controles internos estuvieran bien diseñados y que funcionaran apropiadamente. Asimismo, se consideraba a los auditores externos como principales custodios del sistema de control interno, debido a su responsabilidad de dictaminar acerca de los estados financieros.

Esta percepción sobre quienes son responsables del control interno persiste hasta el día de hoy en numerosas organizaciones públicas y privadas de Latinoamérica. Especialmente en las instituciones de gobierno, se mantiene un concepto anticuado sobre la función de control y la responsabilidad de quienes deben ejercerla; en muchas ocasiones, esto funciona de este modo debido a que han sido estas personas las que se han encargado de mostrarlo así.

La nueva concepción: un enfoque integrado

Actualmente, el concepto de control interno es mucho más amplio de lo que solía ser. Hoy en día las autoridades deben ser proactivas y tomar al control interno como una prioridad, partiendo de la adopción de una definición amplia que haga que la administración de éste sea una responsabilidad de todos los empleados. El control interno debe convertirse en una parte natural de la cultura organizacional.

La contabilidad es, hoy en día, sólo un elemento más del modelo de control interno; en la actualidad, se consideran aspectos "soft" como riesgos o el ambiente de control, orientando los fines de la estructura de control a colaborar con el logro de la eficiencia organizacional, a la maximización de los resultados y al cumplimiento de las obligaciones y regulaciones a las que se encuentran sometidas las empresas, públicas o privadas. Todo esto, sin descuidar ni olvidar los objetivos de protección originales (controles y aspectos "hard").

Los modernos conceptos de control establecen que ésta es una función inherente a la gestión, integrada al funcionamiento organizacional y a la dirección institucional, y por lo tanto deja de ser una función asignada a un área específica de la organización como Contaduría o Auditoría Interna. El control, bajo esta nueva concepción, se orienta a procurar todas las condiciones necesarias para que un equipo de trabajo ponga su mejor esfuerzo en pos de lograr los resultados deseados o planificados, ya que promueve y fomenta el buen funcionamiento de la organización.

En términos generales, de acuerdo con la concepción moderna de control, es necesario destacar que la importancia de un eficiente sistema de control radica en que su principal propósito es detectar con oportunidad, cualquier desviación significativa en el cumplimiento de las metas y objetivos establecidos. Es decir, que del enfoque detectivo y correctivo que poseía la visión tradicional, se pasa a una idea preventiva e integral del control; de ahí, se desprende su gran utilidad como herramienta para la gestión de la organización, ya que provee a la misma de una ayuda continua en lo que respecta a trazar el camino hacia el logro de los objetivos enderezando el camino cuando aún se está a tiempo de hacerlo. En otras palabras, es necesario distinguir entre síntomas y problemas: mientras que el control correctivo "corrige" problemas, el control preventivo identifica síntomas antes de que éstos lleguen a convertirse en problemas.

Definición de nuevos estándares de control basados en un enfoque integrado

Como consecuencia de la necesidad de actualizar el concepto de control interno, diversas asociaciones de profesionales contables encararon en los últimos veinte años la tarea de definir una nueva idea de control cimentada en una concepción moderna. Si bien el modelo COSO norteamericano sea tal vez el que mejor agrupa y aglutina las diferentes concepciones incluidas en los demás enfoques, es importante mencionar que existen experiencias en otros países y organizaciones profesionales, que han diseñado numerosos lineamientos para un mejor gobierno corporativo.

Los más conocidos, entre éstos, son los siguientes: CoCo (Canadá), del cual se especificarán sus rasgos salientes más adelante; Cadbury (Reino Unido); Vienot (Francia); Peters (Holanda); y King (Sudáfrica). Los modelos COSO y CoCo son los mayormente adoptados en toda América.

El modelo COSO: un enfoque integrado

El Informe COSO, emitido en 1992 en los Estados Unidos tras cinco años de estudios y discusiones, ha pretendido desarrollar una noción global, uniforme y homogénea de control interno que permitiera contar con una referencia conceptual común.

El nombre COSO se deriva de las siglas en el idioma inglés correspondientes al Comité de Organizaciones Auspiciarias de la Comisión Treadway, conformada en 1985 con la finalidad de identificar los factores que originaban la presentación de información financiera falsa o fraudulenta, y emitir las recomendaciones que garantizasen la máxima transparencia informativa en ese sentido. En 1987, el Comité emitió un informe recomendando, entre otros puntos, trabajar en forma conjunta para revisar toda la literatura referente a control interno, y lograr su integración en un solo cuerpo. Dicho proceso culminó, como fue expresado, con la publicación del Informe COSO en 1992.

La Comisión Treadway fue integrada por las cinco instituciones más representativas en los Estados Unidos en materia de Contabilidad - Finanzas - Auditoría Interna:

- American Accounting Association (AAA);
- American Institute of Certified Public Accountants (AICPA);
- Financial Executive Institute;
- Institute of Internal Auditors (IIA);
- Institute of Management Accountants (IMA).

Este Comité emitió un informe titulado "Internal Control - Integrated Framework" (informe COSO), para establecer una definición común de control interno y proveer guía en la creación y mejoramiento de la estructura de control interno de las instituciones.

El informe COSO define control interno como "un proceso, realizado por el Directorio, gerencias y demás personal, diseñado para proveer certeza razonable de que una institución pueda lograr los siguientes objetivos institucionales:

- Operaciones efectivas y eficientes;
- Producción de informes financieros (o de negocios) confiables para la toma de decisiones internas y para el uso de terceros;
- Cumplimiento con las leyes y regulaciones que le apliquen."[13]

Además, el informe COSO divide el control interno en los siguientes cinco componentes, los cuales están relacionados con los objetivos institucionales y deben estar presentes y funcionando eficientemente:

- Ambiente de control;
- Evaluación de los riesgos;
- Actividades de control;
- Información y Comunicación;
- Monitoreo.

A partir de la publicación del informe COSO en septiembre de 1992 y en cuyo desarrollo, como ya fue comentado, participaron representantes de organizaciones profesionales de contadores, de ejecutivos de finanzas y de Auditores Internos, ha resurgido en forma extraordinaria la atención hacia el mejoramiento del control interno y un mejor gobierno corporativo, lo

[13] Comisión Treadway: "Los nuevos conceptos del control interno (Informe COSO)" - Coopers & Lybrand, Editorial Diaz de Santos, 1997.

cual fue derivado de la presión pública para un mejor manejo de los recursos públicos o privados en cualquier tipo de organización (ello, ante los numerosos escándalos, crisis financieras, o fraudes, durante los años anteriores a su elaboración).

El enfoque COSO ha servido de plataforma para diversas definiciones y modelos de control a nivel internacional. En esencia, todos los modelos hasta ahora conocidos, persiguen los mismos propósitos y las diferentes definiciones, aunque no son idénticas, muestran mucha similitud. Quizá las diferencias más marcadas se dan en el ámbito de los supuestos, prácticas y técnicas gerenciales que los hacen operativos. En tal sentido, la aproximación aquí desarrollada bajo los principios rectores del modelo y sobre la base de las experiencias de asistencia técnica realizadas, define conceptos, herramientas y prácticas integradas de gestión.

Componentes de COSO y su contenido

A continuación, se desarrolla brevemente el contenido de cada uno de los 5 componentes del control interno.

Ambiente de control

El ambiente de control establece el tono de la institución al influenciar la conciencia de control de su personal. Es el cimiento para los demás componentes de control interno, proveyendo disciplina y estructura. Los factores considerados para este análisis son los siguientes:

- Preocupación desde el máximo nivel;
- Valores éticos;
- Capacitación y desarrollo profesional del personal;

- Nivel de delegación – Empowerment;
- Políticas de la organización;
- Filosofía de dirección;
- Integridad y capacidad de los Recursos Humanos;
- Compromiso con la excelencia y la transparencia;
- Estructura organizacional y de gestión;
- Niveles de autoridad y responsabilidad;
- Políticas y procedimientos de personal.

Evaluación de los riesgos

Mediante este componente, se identifica el proceso gerencial para el establecimiento de los objetivos institucionales y los riesgos asociados al logro de dichos objetivos, y se evalúa si los riesgos son manejados adecuadamente. En este apartado se consideran las siguientes categorías de objetivos:

- Objetivos operacionales;
- Objetivos de informes financieros;
- Objetivos de cumplimiento.

Algunos de los factores determinantes que se toman en cuenta para la evaluación de este componente son los que se enumeran a continuación:

- Políticas y procedimientos;
- Aprobaciones y autorizaciones;
- Conciliaciones y verificaciones;
- Seguridad de activos;
- Segregación de funciones.

Es importante destacar que en el año 2002, la Comisión Treadway publicó a efectos de revisión y discusión un nuevo enfoque (modelo COSO – Enterprise Risk Management o ERM), que no trata sobre control interno aunque que lo complementa. Dicho modelo, basado en la intervención sobre la administración de riesgos en la organización, amplia el alcance de COSO, enfatizando la importancia de los aspectos estratégicos y expandiendo el espectro del enfoque mediante la incorporación de nuevos conceptos a ser revisados.

En lo que respecta al análisis de riesgos, a partir de la difusión de este modelo, el mismo se efectúa revisando los siguientes aspectos:

- Identificación de eventos;
- Valoración de riesgos;
- Respuesta al riesgo.

Actividades de control

El análisis de las actividades de control es utilizado para comprobar o verificar mediante pruebas selectivas que las principales observaciones detectadas como consecuencia del análisis de los demás componentes son correctas. Dichas pruebas son efectuadas comprendiendo:

- Proceso de pagos, compras, ventas, cobranzas, recepción y almacenamiento;
- Método para la elaboración y presentación de reportes;
- Conciliaciones bancarias y análisis de otras cuentas;
- Autorizaciones;
- Verificación de las auditorías internas;
- Sistemas computarizados administrativo - financieros;
- Manejo de los archivos y correspondencia;
- Otros trámites administrativos.

Información y Comunicación

A partir del análisis de este componente, se revisa la forma en que las áreas operativas, administrativas y financieras de la organización identifican, capturan e intercambian información de una forma y en un período de tiempo que le permita al personal llevar a cabo sus responsabilidades.

En este apartado se considera lo siguiente:

- La integración de la información con las operaciones y calidad de la información. Con relación a la calidad de la información, se analiza si ésta es apropiada, oportuna, corriente, fiable y accesible;
- Comunicación de la información institucional (comunicación interna, externa, y tipos de comunicación).

Algunos de los factores determinantes para la evaluación de la información y comunicación son:

- Si el Sistema de Información implementado, brinda información operativa, financiera y administrativo – contable;
- El establecimiento de una comunicación eficaz y multidireccional;
- La disposición de información útil para la toma de decisiones.

Monitoreo

Comprende el análisis de los procesos utilizados en las organizaciones para determinar, supervisar o medir la calidad del desempeño de la estructura de control interno a través del tiempo. En este apartado se considera lo siguiente:

- Actividades de monitoreo durante el curso ordinario de las operaciones de la entidad;
- Evaluaciones separadas (alcance y frecuencia, quién evalúa, proceso de evaluación, metodología, documentación, planes de acción);
- Condiciones reportables (fuentes de la información, qué debe ser reportado, a quién se reporta, directrices para condiciones reportables);
- Rol asumido por cada miembro de la organización en los niveles de control.

Importancia del control interno en relación al control de gestión

Tal como fue comentado inicialmente en este capítulo, la evaluación del control interno es esencial para la evaluación del control de gestión. Este análisis, desde el punto de vista amplio que el control interno presenta en la actualidad, es en realidad una forma de acercarnos al control integral de la gestión. En otras palabras, la evaluación del control interno ha pasado a convertirse en una manera de analizar la calidad de la gestión.

En este sentido, es importante considerar que el hecho de obtener una comprensión de control interno involucra evaluar el plan de un control y determinar si se ha llevado a cabo. Evaluar el plan de un control comprende a su vez el hecho de considerar si el control, individualmente o en la combinación con otros controles, es capaz de prevenir eficazmente, o descubrir y corregir, las afirmaciones erróneas materiales. El análisis del control interno, de acuerdo a las metodologías más recientes y ampliamente difundidas, implica la necesidad de comparar el desempeño organizacional y los procesos internos con un estándar de alto nivel en materia de buenas prácticas de gestión. En definitiva, de acuerdo a los modelos modernos de control interno como COSO, se puede asociar al control interno directamente con el control de gestión.

Metodología de aplicación del control interno para la evaluación de la gestión[14]

Dado que los conceptos modernos de control interno pueden, en realidad (como fue comentado), asociarse a un compendio de buenas prácticas de gestión, es posible utilizar dichos postulados generales a los efectos de diagnosticar el estado de situación en relación a la eficiencia de la administración organizacional. De este modo, los contenidos de los modelos antes mencionados (especialmente, el método COSO, el más utilizado en América Latina) se constituyen en un marco de referencia para evaluar periódicamente la situación de los controles internos.

Para ello, debe considerarse que el control interno es un proceso, y su eficacia es el estado o situación del proceso en un momento dado. No constituye un acontecimiento o una circunstancia aislados, sino una serie de acciones que se extienden por todas las actividades de una entidad. Estas acciones son omnipresentes e inherentes a la gestión de la entidad por parte de la dirección. Entonces, los cinco componentes de COSO, vinculados entre sí, generan una sinergia y forman un sistema integrado que refleja esta amplitud de alcance y ayuda a responder de manera dinámica a las circunstancias cambiantes del entorno.

[14] Esta metodología fue diseñada e implementada en numerosas organizaciones públicas y privadas de América Latina por el autor de esta obra en conjunto con el consultor español Jorge Martínez Aldanondo, entre los años 2000 y 2011.

En función de esta integralidad del control interno, es posible desarrollar una metodología de valoración de los niveles de cumplimiento, la cual sirve de ayuda en la evaluación y monitoreo del control interno y, consecuentemente, de la gestión en general. A continuación, se presenta esta metodología de evaluación de los controles internos, elaborada de acuerdo a lo establecido en los principios contenidos en el informe COSO.

Metodología de valoración

Este modelo de evaluación se focaliza en establecer un método para valorar los principios de control interno, mediante una técnica de cuantificación numérica de aspectos cualitativos. Esta metodología de valoración se basa en la elaboración de un algoritmo que, otorgando una ponderación relativa a cada uno de los componentes, subcomponentes, y de los factores que los integran, permite obtener un puntaje global que contribuye a evaluar con mayor precisión la situación de los controles internos de una organización bajo el enfoque COSO antes mencionado en un momento determinado.

Esta valoración se obtiene mediante el cálculo al que se llega a través de la combinación del peso específico otorgado a cada ítem por la valoración de dicho ítem estimado por el evaluador. Para ello, se establece y determinar la importancia relativa de cada factor y componente de control interno sobre el total, de modo de obtener un sistema de ponderación.

Por ejemplo, comenzando desde el nivel superior dentro de la pirámide o estructura del control interno, cada componente tiene una ponderación según su nivel de importancia relativa (la cual es definida de manera subjetiva por el evaluador de acuerdo a su objetivo), tal como se expone en la siguiente tabla:

Componente	Importancia relativa
Ambiente de control	25%
Evaluación de riesgos	15%
Actividades de control	20%
Información y comunicación	20%
Monitoreo	20%

Esta ponderación relativa de cada componente es luego multiplicada por el valor obtenido por el componente, para establecer así su puntaje definitivo, y es sumado a los demás puntajes de los otros componentes, para lograr el valor definitivo de la efectividad del control interno de la organización bajo análisis en el momento en que se efectúa la revisión.

A su vez, cada componente se puede dividir en subcomponentes, los cuales también tienen una importancia relativa estimada. Por ejemplo, para el componente de Ambiente de control, sus subcomponentes pueden presentar la siguiente importancia relativa hipotética:

Subcomponentes del Componente Ambiente de control	Importancia relativa
Integridad y valores éticos	15%
Competencia del personal	20%
Filosofía y estilo de gestión	20%
Autoridad superior	10%
Estructura organizacional	15%
Políticas y procedimientos de recursos humanos	20%

De igual manera que a nivel de componente, la importancia relativa de cada subcomponente es multiplicada por el valor obtenido por cada subcomponente, para establecer así su puntaje definitivo, el cual es posteriormente sumado a los demás puntajes de los otros subcomponentes, resultando en el valor definitivo de la efectividad del control interno para lo que mide el componente.

Finalmente, y siguiendo la misma lógica, cada subcomponente se compone de uno o más factores que son los que en modo de preguntas, procedimientos, controles, pruebas, documentos, etc., se pueden verificar individualmente por parte de los evaluadores. Estos factores cuentan asimismo con una importancia relativa, como se observa en el siguiente ejemplo que incluye los factores que definen el nivel de control interno asociado al subcomponente de Competencia del personal, dentro del componente de Ambiente de control.

Factores del Subcomponente de Competencia del personal, dentro del Componente Ambiente de control	**Importancia relativa**
¿Existe un Manual actualizado de Funciones o de Descripción y Especificación de Puestos de Trabajo?	25%
¿Existen programas de capacitación dirigidos a lograr las competencias requeridas por la organización?	25%
¿Existe un sistema de evaluación del desempeño?	20%
¿Las personas que ocupan puestos clave se ajustan a lo requerido de acuerdo a las necesidades de la organización?	30%

Del mismo modo que a nivel de componente y subcomponente, la importancia relativa de cada factor es multiplicada por el valor obtenido por dicho factor, para establecer así su puntaje definitivo, el que es sumado a los demás puntajes de los otros factores, para lograr el valor definitivo de la efectividad del control interno para lo que mide el subcomponente.

Puntaje de calificación

Hasta ahora, se ha descripto el significado de los valores de importancia relativa de cada componente, subcomponente y factor, es decir, la definición acerca de qué resulta más importante y por lo tanto debe tener más peso a la hora de la sumatoria final. Sin embargo, todos estos valores de importancia relativa, deben a su vez ser multiplicados por aquellas cifras que se obtengan de la evaluación objetiva realizada por el evaluador de cada uno de los factores que están bajo análisis.

Para ser consistentes desde un punto de vista metodológico, se establece una escala de calificación de 1 a 5, la cual indica el nivel de cumplimiento de un factor. Esta escala de calificación del cumplimiento de los factores expresa lo siguiente:

Niveles de calificación del cumplimiento de los factores	Escala	Calificación
La estructura de control no está definida. El control ocurre ocasionalmente. Algunos ejemplos incluyen: • No hay documentación estandarizada, puede haber acercamientos individuales. • Inexistencia de manuales de procedimientos o descripciones de puestos de trabajo. • La aproximación de la gerencia al tema no es planificada ni proactiva. • Se producen una gran cantidad de fallas de control, que pueden afectar la supervivencia de la organización.	Inexistente	1

• No existe ningún concepto de gerencia moderna, sistemas de información adecuados, o preocupación por control interno. • No hay ninguna capacitación formal o comunicación estándar de procedimientos.		
La estructura de control no está definida, pero pueden ocurrir eventos de control basados en éxitos pasados y supervisión de la gerencia. Algunos ejemplos incluyen: • Existen algunos procedimientos escritos, pero no están adecuadamente utilizados o actualizados. • No hay ninguna capacitación formal o comunicación estándar de procedimientos, aunque se realizan algunas acciones informales aisladas. • El personal no siempre es seleccionado con criterios profesionales o de competitividad. • Existen algunos sistemas de información, pero no existe una preocupación por la información financiera oportuna y fiable. • La gerencia no utiliza conceptos de gestión moderna. • Se evidencian numerosos fallos de control en todos los componentes, y es especialmente débil el componente de ambiente de control. • El monitoreo de las operaciones es insuficiente o su nivel de profundidad no contribuye a realizar un seguimiento adecuado de las actividades.	Deficiente	2
La mayor parte de la estructura de control está documentada, estandarizada e integrada a los procesos de la organización.	Intermedio-Regular	3

Algunos ejemplos incluyen: • Existe documentación al respecto del control en cuestión, pero no se conoce, no se cumple, no se revisa, o no se capacita a los empleados. • Los riesgos no son evaluados ni gestionados adecuadamente, aunque existen objetivos definidos. • La información financiera, no del todo oportuna, fiable o completa. • El concepto de control interno no es entendido desde su concepto integral, aunque existe un conocimiento relativo del concepto de actividades de control (control interno tradicional). • Se encuentran debilitados varios de los subcomponentes de monitoreo, información y comunicación, evaluación de riesgos, ambiente de control o actividades de control, lo cual produce o puede producir fallas importantes de control.		
El proceso de control es constantemente evaluado y testeado. Se recogen y reportan mediciones detalladas de los procesos de control.	Bueno	4
Algunos ejemplos incluyen: • Se encuentra debilitado alguno de los subcomponentes de monitoreo, información y comunicación, evaluación de riesgos, ambiente de control o actividades de control, lo cual produce o puede producir fallas menores de control. • La información financiera es razonablemente completa, oportuna y fiable. • El sistema de información instalado cubre en forma relativamente adecuada las necesidades de la organización en cuanto a los reportes que la gerencia requiere.		

<ul><li>Se identifican y gestionan razonablemente bien, los riesgos de la organización.</li><li>Existen canales de comunicación internos y externos, aunque no del todo establecidos desde el punto de vista formal.</li><li>El monitoreo y auditoría interna funcionan en forma adecuada, aunque no se ha implementado un proceso sistemático de evaluación de la gestión.</li><li>El personal es capacitado, o cuenta en líneas generales con las habilidades requeridas para el puesto de trabajo que ocupa.</li></ul>		
Se activa un proceso de mejora continua a partir de los resultados cuantitativos del proceso de control. Algunos ejemplos incluyen:<ul><li>Se identifican y gestionan en forma eficiente los riesgos de la organización.</li><li>Existe un sistema de información completo y efectivo, que integra todas las operaciones financieras, administrativas y operacionales en forma eficiente.</li><li>La información financiera y operativa es oportuna, fiable y completa, y se utiliza de manera efectiva en la organización.</li><li>Todo el personal es consciente de la importancia de su rol en el control interno.</li><li>El personal demuestra estar altamente capacitado, y es sometido a un proceso de entrenamiento continuo basado en identificación de necesidades de capacitación.</li><li>La organización cuenta con un cuerpo homogéneo de procedimientos escritos que contribuye a contar con un marco de referencia eficiente para el desarrollo de las actividades de la institución bajo análisis.</li></ul>	Excelente	5

• La entidad posee un sistema de evaluación de su gestión formalmente establecido, efectuándose un seguimiento continuo de las deficiencias detectadas anteriormente.		

En base a esta escala, el equipo evaluador puede realizar un análisis del nivel de cumplimiento de cada uno de los factores de todos los subcomponentes, los cuales son posteriormente multiplicados por la importancia relativa de cada uno de ellos.

La puntuación final obtenida a nivel general e individual por componente y subcomponente es solamente un indicador, que debe servir únicamente para tratar de llevar a investigar con mayor detalle algunas de las causas, y también como punto de comparación en evaluaciones futuras. Es decir, se constituye en una ayuda a la gestión en tanto se convierte en un marco de referencia de evaluación a lo largo del tiempo – se recomienda repetir este tipo de análisis a lo largo del tiempo para determinar la evolución de la calidad de la gestión y la continuidad del ciclo de mejora continua.

Es importante destacar que esta metodología de evaluación de los controles internos ha sido aplicada en forma exitosa en diferentes organizaciones en América Latina, y ha sido aceptada por organismos internacionales tales como el BID, el Banco Mundial y gobiernos de diversos países de la región.

Un ejemplo de malas prácticas de control interno: el caso Société Générale

En esta ocasión, a los efectos de analizar en qué consiste el control interno asociado al control de gestión, se tendrá en cuenta un caso que resulta en un compendio de malas prácticas organizacionales: lo sucedido en el Banco Société Générale de Francia con lo realizado por Jérôme Kerviel, un joven operador que fue responsable de un fraude descomunal (cuyas causas y naturaleza aún no ha podido establecerse con claridad) que arrastró pérdidas por más de 7.000 millones de dólares a la entidad financiera. A partir del análisis del caso, se podrá determinar y establecer cómo un inadecuado proceso de control interno se convierte en un inadecuado control de gestión.

Jérôme Kerviel empezó a trabajar en el Banco Société Générale en el año 2000, desarrollando sus tareas primero en el denominado "middle office" (área en que se validan los procedimientos de control), y en 2005 pasó a integrar el "front service", el sector donde se realizan las operaciones, y en el que estaba encargado de transmitir órdenes de compraventa a plazo. Es precisamente allí donde, en función de los inadecuados procedimientos de control a los que estaba sometido, Kerviel desarrolló el gigantesco fraude que amenazó las finanzas del banco en plena crisis financiera mundial.

Es importante analizar de qué manera operaba el trader francés, y cómo es que la situación pudo llegar a lo que finalmente fue. Kerviel operaba en el mercado bursátil para el banco, obteniendo en principio beneficios espectaculares para la entidad. En virtud de la volatilidad de los mercados financieros y especialmente de capitales, la posibilidad de ganar (y de perder) dinero comprando y vendiendo acciones, bonos e instrumentos derivados es muy grande. Así, Kerviel, Master en Finanzas egresado de una de las principales universidades francesas, obtuvo inicialmente ingresos de gran cuantía para el banco, a través de algunas operaciones puntuales y de circunstancias favorables del mercado. Por ello, los directivos de la entidad financiera comenzaron a darle vuelo, dejándole la libertad para operar casi sin restricciones. Dado que las ganancias propias del trader se otorgaban a través de bonos otorgados en función de los resultados que consiguiera para la entidad, su apetito de riesgo era enorme, y mientras el mercado respondía de manera favorable, se trataba de una situación ideal para todos los involucrados.

Pero, en forma análoga a lo sucedido en el Barings Bank con el operador Nick Leeson[15], las cosas no resultaron como era esperado, por lo que Kerviel debió comenzar a asumir mayores riesgos, procurando ocultar sus errores y revertir la situación adversa. Por supuesto, sin que los gerentes del banco y los niveles jerárquicos superiores se enterasen: al cabo, Kerviel era un operador que hacía ganar mucho dinero al banco, ¿para qué controlarlo?

A los efectos de ocultar sus operaciones fraudulentas, el operador francés utilizaba el libro oficial del Banco Société Générale, en el cual volcaba las operaciones que no llamaban la atención y, al mismo tiempo, registraba otras operaciones que anulaban la primera posición. Las operaciones transcriptas para disimular eran ficticias, y las iba desplazando a medida que los controles llegaban precisamente porque conocía el calendario de los controles, según declaraciones del entonces director del banco, Daniel Bouton.

El fraude fue descubierto cuando Kerviel cometió un error (es decir, que podría haber seguido operando de ese modo si

---

15 Nick Leeson fue un operador inglés del Barings Bank, cuyas operaciones contribuyeron a la debacle de la prestigiosa entidad financiera inglesa en 1995. Leeson actuaba simultáneamente responsable de la contabilidad y como jefe de operaciones para los negocios de Barings en SIMEX de Singapur, con la consecuente posibilidad de realizar transacciones ocultándolas en los registros contables.

no se hubiera equivocado). El viernes 18 de enero de 2008, Jérôme Kerviel cometió una falla: se fue temprano de la oficina a visitar a su madre, en el interior de Francia, y allí se desató una auténtica explosión en cadena. Un inspector dio la alarma, y comenzó a desenrollarse una madeja y el banco hizo valer sus influencias de modo tal de que el gobierno lo ayudase a no filtrar una situación que, de haberse conocido en ese momento, posiblemente hubiese terminado con la quiebra de la entidad, como sucedió con Barings en el Reino Unido.

Durante por lo menos un año, período en que cursó al mercado operaciones por un monto total de más de 73.000 millones de dólares, Kerviel violó en forma sistemática todos los esquemas de control interno establecidos por el banco. Durante ese año, casi inexplicablemente, escondió órdenes de compra con ventas ficticias, evitó registraciones, falsificó documentos y robó códigos informáticos.

Un simple error producto de un descuido, seguramente derivado del exceso de confianza alcanzado por su éxito, fue el causante de que el operador quedara al descubierto. Como resultado de esta maniobra, el Banco Société Générale se vio obligado a convocar a un Comité de Crisis, el Presidente de la entidad presentó su dimisión (aunque no le fue aceptada), Kerviel fue encarcelado, despedido y procesado, y finalmente el banco debió anunciar una capitalización de más de 7.300 millones de dólares.

En virtud de lo expuesto, queda claro que en este caso existen diversas responsabilidades compartidas: el Estado, los reguladores, incluso los auditores. Pero, evidentemente, se trata de una falla de control interno de gran porte. De acuerdo a lo analizado en este capítulo del libro, se han vulnerado al menos los siguientes aspectos relacionados con el control:

- Falta de ética del operador y de los directivos del banco;
- Inadecuados procedimientos de remuneración y recompensa que dieron lugar a tentaciones peligrosas por parte de Kerviel;
- Fallas en la gestión de los riesgos, al no haberse identificado la posibilidad de que el trader estuviera realizando maniobras como las que llevó a cabo;
- Inexistencia de procedimientos de control adecuados, o cumplimiento inadecuado de los mismos;
- Incorrecta segregación de funciones, dado que Kerviel podía registrar operaciones sin existir una instancia de control por oposición;
- Fallas en el sistema informático, que no disparó las alarmas en el momento indicado para dar cuenta de las operaciones irregulares que estaba llevando a cabo Kerviel;
- Falta de supervisión continua de los directivos del banco, tanto en lo relacionado con el seguimiento de las operaciones desarrolladas por Kerviel, como por la inexistencia de un sistema de indicadores en el cual, sin dudas, hubiera aparecido el volumen operado por el joven trader.

Lo anterior permite reflexionar y concluir lo siguiente: la falla de control interno, derivada en los hallazgos arriba indicados, termina constituyéndose en un conjunto de malas prácticas de gestión. En consecuencia, los problemas en el control interno (de acuerdo a la concepción moderna de este concepto) se traducen en la práctica en fallas en la gestión, no solamente financiera, de la empresa. El daño reputacional, por ejemplo, pudo haber terminado con un banco tradicional como el Société Générale (como sí sucedió con Barings, a partir del fraude cometido por Nick Leeson). En este caso, resulta llamativa la manera en que se le ha otorgado poder a Kerviel para que, concentrando funciones de diversa índole, se derive en un fraude tan descomunal.

En relación a lo anterior, es importante tener en cuenta que en el control interno, tal como sucede en relación a la gestión entendida en forma global en cualquier organización, la responsabilidad primaria siempre es de la máxima autoridad, de los principales directivos. En este caso, el Directorio es el primero que ha fallado, al no definir y establecer una estructura de control y de gobierno corporativo adecuada. Por supuesto que los reguladores, el gobierno, el Banco Central y otros han aportado lo suyo (por acción u omisión) para que suceda lo que pasó con la entidad financiera francesa. Pero, indelegablemente, la mayor parte de la carga se debe asignar a los responsables máximos del banco.

La administración de los riesgos: un factor crítico para la gestión

Así como se ha venido enfatizando en los últimos años la importancia del control interno y su vinculación con las buenas prácticas de gobierno corporativo, en forma complementaria se ha otorgado una mayor relevancia a la administración de los riesgos. Su inclusión como un capítulo separado en este libro se justifica por el hecho de que, en la actualidad, se constituye en una herramienta esencial para el aseguramiento de los objetivos institucionales, en tanto se trata de un aspecto clave de la gestión de cualquier organización.

En este capítulo, se analiza la manera en que los riesgos deben ser gestionados, en cuanto a su definición, clasificación, identificación y análisis, y los casos más resonantes que dieron lugar a la sanción de leyes específicas (por ejemplo, Sarbanes Oxley Act). Asimismo, y desde una perspectiva más financiera que operacional, se realiza una revisión de la relación existente entre riesgo y rentabilidad, para explicar la necesidad específica que existe de llevar a cabo un adecuado seguimiento de los riesgos en el sector financiero.

Por último, y de la misma forma en que se ha hecho con otros capítulos del presente libro, se efectúa un análisis de un caso exitoso de la administración de los riesgos, y su impacto en los resultados de la gestión empresarial.

Introducción a la gestión de riesgos

Las empresas modernas se desenvuelven en entornos cada vez más complejos y potencialmente más amenazantes, donde surgen eventos inesperados, que involucran aspectos internos y externos de la organización. La gestión de riesgos apunta, precisamente, a aprender a convivir con dichos sucesos, enfocando el accionar de la empresa en su prevención y mitigación.

De la misma forma en que sucede con los indicadores y con el control interno, tradicionalmente el concepto de gestión de riesgos se asoció fundamentalmente a los aspectos financieros y contables. En la actualidad, un análisis de la gestión basado únicamente en variables económico – financieras resulta, como mínimo, insuficiente para administrar y tomar decisiones en ambientes turbulentos, dinámicos y extremadamente cambiantes. De esta manera, prevenir y encarar adecuadamente "desastres predecibles" se vuelve una responsabilidad inherente a la alta gerencia, lo cual exige a su vez una sofisticada percepción de los nuevos entornos y agudizadas capacidades analíticas por parte de los líderes.

De todos modos, es importante comenzar el análisis definiendo adecuadamente el concepto de riesgo. La definición de riesgo esta íntimamente relacionada con la incertidumbre, o falta de certeza, de algo que pueda acontecer y afectar la consecución de los objetivos. Si bien se puede hablar de riesgos positivos y negativos en la teoría, la palabra riesgo lleva, en sí misma, asociada la idea de posibilidad de pérdida. Es la probabilidad de que suceda algún evento, que tenga un impacto negativo sobre los objetivos propuestos. Por ello, la administración de los riesgos, dentro del marco del control de gestión, se asocia con uno de los primeros aspectos analizados en este libro: la planificación. Resulta complicado analizar los riesgos si no se han definido previamente los objetivos que eventualmente podrían ser afectados por un hecho puntual; y, justamente, los objetivos y metas son definidos durante el proceso de planificación. En otras palabras, una vez más queda demostrada la importancia de planear y prever anticipadamente como la primera actividad o eslabón dentro del círculo de Deming.

Administrar los riesgos, entonces, se convierte en una necesidad, de modo de minimizar el impacto de los posibles sucesos que pudieran afectar la capacidad de una organización de lograr sus metas e, incluso, sobrevivir y subsistir a lo largo del tiempo. En este capítulo se lleva a cabo un análisis acerca de cómo desarrollar dicho proceso de administración de riesgos.

La gestión de riesgos: identificación, implementación y administración de una estrategia para controlar las amenazas

En virtud de lo expuesto en los párrafos precedentes, las empresas deben adaptarse al entorno y sus circunstancias, considerando la posibilidad de que determinados hechos se presenten, y diseñando planes de acción tendientes a minimizar la gravedad de su impacto en la organización. Conceptualmente, se define a la gestión de riesgos como un proceso llevado a cabo por el Directorio, los gerentes y el resto del personal, aplicado al establecimiento de una estrategia, diseñado para identificar los potenciales eventos que puedan afectar a la entidad y para administrar los riesgos dentro de la capacidad de riesgo (o "risk appetite") de la organización, a fin de proveer una seguridad razonable en el logro de los objetivos.[16]

---

[16] "Enterprise Risk Management Framework" - Committee of Sponsoring Organizations of the Treadway Commission, 2002

Dicha definición implica que se trata de un proceso dinámico, que constituye un medio para un fin y no un fin en sí mismo, ejecutado por toda la organización, cuya implementación proporciona una seguridad no absoluta en cuanto a que el manejo de determinados eventos no afecte al desempeño y el logro de los objetivos.

La gestión de riesgos involucra las siguientes etapas:

1. Establecimiento de objetivos: para poder determinar cuáles son los eventos que pueden afectar a una organización, es necesario que la empresa haya previamente definido sus objetivos estratégicos y operativos en forma consistente. Si no conocemos el rumbo hacia el cual queremos dirigirnos, difícilmente sepamos qué problemas podemos enfrentarnos en el camino. Por ejemplo, una empresa comercializadora de productos de consumo masivo que pretenda ser líder en un segmento determinado del mercado, deberá orientar sus acciones de marketing operativas en pos de conseguir dicho objetivo. Nuevamente queda reflejada aquí la importancia de la planificación como el punto de partida del ciclo de gestión.

2. Identificación de eventos: considerando los objetivos organizacionales, deben tenerse en cuenta los eventos que potencialmente puedan afectar a la capacidad de la organización de implementar en forma exitosa su estrategia y sus objetivos. Siguiendo el ejemplo anterior, la empresa deberá identificar la posibilidad de que ingrese un nuevo competidor al mercado, ofreciendo productos similares.

3. Análisis de los riesgos: una vez reconocidos los eventos amenazantes, se debe analizar la probabilidad de ocurrencia de dichos acontecimientos y su incidencia en el logro de los objetivos de la organización. En el caso de la empresa comercializadora de productos de consumo masivo antes mencionada, se trata de evaluar la probabilidad de ingreso de un nuevo competidor, y la reducción del market share que ello podría acarrear. Dicho análisis, como se menciona más adelante, puede ser tanto cualitativo como cuantitativo.

4. Respuesta al riesgo: habiendo evaluado la probabilidad de presentación de los eventos, la gerencia debe determinar la acción adecuada, que podrá ser: evitar el riesgo; reducir el riesgo; compartirlo; o aceptarlo. A tal efecto, se considera la relación costo – beneficio y se selecciona la respuesta que otorga la probabilidad esperada y el impacto dentro de la tolerancia al riesgo deseada. Una forma que tendría la empresa considerada como ejemplo de reducir el riesgo, es construyendo barreras de ingreso al mercado que le permitan reducirlo.

A continuación, se analizan con mayor profundidad la metodología y las técnicas a emplear para llevar adelante, en la práctica, las cuatro etapas antes mencionadas, con el fin de desarrollar una adecuada gestión de los riesgos.

Identificación de los riesgos

En forma previa al análisis y la cuantificación de cualquier tipo de riesgo, es necesario identificarlo; es decir, se deben considerar aquellos riesgos que puedan afectar a la organización. Pero este proceso, en cualquier caso, debe llevarse a cabo con sumo cuidado. No es correcto afirmar que todo evento representa un riesgo, y no es acertado señalar que cualquier riesgo afecta a cualquier empresa o institución.

Para identificar los riesgos, es indispensable analizar las distintas causas que pueden dar origen a esos riesgos. Aunque no cualquier evento constituye un riesgo, es importante que en la etapa de identificación se lleve adelante un análisis amplio y exhaustivo; luego, se priorizarán los riesgos de acuerdo a su relevancia. En otras palabras, no es en la etapa de identificación donde se deberían descartar los riesgos. Por el contrario, hay que incluir incluso los eventos menos imaginables aunque parezcan imposibles de materializarse, ya que muchas veces la realidad supera la ficción. En este sentido, la etapa de identificación de los riesgos debería ser un proceso participativo, donde diferentes actores de la organización brinden su opinión y se lleve a cabo un brainstorming en el cual se expongan alternativas de casos que pudieran afectar la consecución de los objetivos.

Por citar un caso concreto, el día 9 de julio del año 2007 se produjo una nevada en la Ciudad de Buenos Aires, poco acostumbrada a estos fenómenos climatológicos (de hecho, la anterior nevada había tenido lugar en 1918). Ese día, a causa de la nieve, los aeropuertos de la ciudad quedaron paralizados debido a que no se había previsto la posibilidad de que ello sucediera, y por consiguiente no se habían tomado medidas al respecto. Si se hubiera identificado la posibilidad del suceso, aunque hubiera parecido inverosímil, seguramente se podría haber considerado la alternativa de dar respuestas al riesgo en cuestión.

Análisis de los riesgos

Una vez que se han identificado los riesgos, es necesario ordenarlos de alguna forma y establecer su nivel de relevancia. Dos riesgos no tienen la misma importancia ni debe prestárseles la misma atención. Para determinar cuál es más importante, debe asignarse algún tipo de ponderación relativa, que permita efectuar la mencionada priorización. En otras palabras, una vez que se han identificado los eventos que podrían suceder, debe llevarse a cabo un ejercicio de priorización, asignando una importancia relativa a cada uno de ellos, de modo de poder determinar sobre cuáles tendrá sentido actuar, en cuáles de ellos la organización podrá intervenir, y en cuáles la importancia arroja un resultado tal que lleva a concluir que debe ser dejado de lado.

Para ello, se pueden llevar a cabo dos tipos de estudios y revisiones, diferentes aunque complementarios: un análisis cualitativo, más subjetivo pero más sencillo; y un análisis cuantitativo, basado en herramientas más científicas, aunque más complicados de realizar y menos habituales en cuanto a su uso corriente en la práctica.

Análisis cualitativo de los riesgos

El análisis cualitativo se basa en la consideración de dos variables fundamentales: la probabilidad y el impacto. A través de diferentes técnicas, se debe cuantificar el riesgo definiendo, para cada uno de los riesgos identificados, la probabilidad de ocurrencia y la magnitud del impacto del evento en cuestión. La probabilidad se puede definir como la cualidad de probable de un evento, que ello pueda o no suceder; o, en un proceso aleatorio, la razón entre el número de casos favorables y el número de casos posibles. Por su parte, el impacto se relaciona con el efecto que pueda causar un evento, ya sea positivo como negativo (aunque, como se expresó previamente, habitualmente se asocia al riesgo con una connotación negativa).

Por ejemplo, si se identificó a la nevada antes mencionada como uno de los factores de riesgo, se podría solicitar la opinión de un meteorólogo para que estime cuál es la probabilidad de que nieve, y de otros expertos para que opinen cuán grave sería el impacto. La forma de medir la probabilidad y el impacto no es única; puede ser numérica (de 1 a 5, por ejemplo), o de acuerdo a una escala no ordinal (por ejemplo, de muy bajo a muy alto o esperado).

Sobre la base de estas definiciones de probabilidad e impacto, se puede elaborar un elemento fundamental para la gestión de riesgos: la denominada matriz de probabilidad e impacto. Esta herramienta es clave, ya que permite jerarquizar los riesgos en base a elementos visuales y de simple aplicación, y ayuda a mostrar y representar gráficamente la exposición al riesgo con facilidad.

Un problema referente al cálculo de probabilidades de riesgos, es que trata sobre eventos futuros posibles, que todavía no han sucedido, y como tal su probabilidad de ocurrencia no puede ser medida sino solamente estimada. En un sentido filosófico, inclusive, se puede decir que un riesgo no tiene una existencia real en el presente, sino que solamente existe en el futuro. Por lo tanto, bajo esta lógica, no sería posible medir concretamente ninguna característica de un riesgo ya que no está presente en la realidad. Sólo sería posible estimar cómo podría llegar a ser el riesgo, si y sólo cuando éste apareciese. Esto no es tan difícil cuando se considera el impacto del riesgo, pero la estimación de su probabilidad es mucho más compleja. Consecuentemente, el cálculo de la probabilidad tiende a ser influenciada por un amplio rango de fuentes subjetivas e inconscientes de estimaciones sesgadas. Tales fuentes de sesgo necesitan ser entendidas, gestionadas y segregadas, si se van a llevar a cabo evaluaciones de probabilidades útiles y reales.

Siguiendo con el análisis cualitativo del riesgo, como ya fue expresado, también se lo podría estimar colocando o asignado alguna valoración ordinal a la probabilidad de ocurrencia y al impacto. Por ejemplo, en la matriz presentada debajo se colocan valores numéricos a las distintas probabilidades de ocurrencia e impactos. Luego, se multiplican esos valores entre sí (probabilidad de ocurrencia e impacto), y se calcula la magnitud del riesgo, que en este caso puede variar entre un puntaje de 1 y 25:

Impacto del riesgo	**Probabilidad de que ocurra el evento**				
	Muy bajo (1)	Bajo (2)	Medio (3)	Alto (4)	Muy alto (5)
Muy alto (5)	5	10	15	20	25
Alto (4)	4	8	12	16	20
Medio (3)	3	6	9	12	15
Bajo (2)	2	4	6	8	10
Muy bajo (1)	1	2	3	4	5

Utilizando estos valores, se pueden ponderar los distintos riesgos, o se los puede agrupar en categorías de riesgo bajo (1-4), moderado (5-14) o riesgo alto (15-25). Cabe aclarar que esto es sólo un ejemplo de cómo utilizar la herramienta; los valores ordinales y las categorías de riesgo variarán para cada caso en particular, de acuerdo al criterio del evaluador.

Si bien estas categorizaciones de los riesgos son subjetivas, resultan de gran utilidad para ordenar y priorizar los riesgos. Una vez ordenados los riesgos en función del puntaje, aquellos riesgos de mayor puntaje relativo serán candidatos a ser susceptibles de una profundización en el análisis, mientras que los de bajo puntaje no son relevantes como para destinar mayores recursos en darles una respuesta. Posteriormente, dentro de este mismo capítulo, se analizan los diferentes mecanismos existentes para dar respuestas ante el riesgo.

Análisis cuantitativo de los riesgos

Así como el análisis cualitativo de los riesgos consiste en la ponderación de los riesgos de acuerdo a la probabilidad y el impacto considerados de acuerdo a una estimación determinada, el análisis cuantitativo requiere estimar en forma más científica cuál es la posibilidad de ocurrencia de los distintos riesgos. Debe notarse que este ejercicio de análisis resulta más complejo que el anteriormente presentado, motivo por el cual, en la práctica, es menos utilizado.

Uno de los métodos y herramientas para estos tipos de análisis más objetivo, que tiende a reflejarse en valores numéricos, consiste en realizar entrevistas a expertos, mediante las cuales se estiman distintos valores para una misma variable. Por ejemplo, para la estimación de las ventas se podría estimar un valor pesimista de $ 85, el valor más probable de $ 100 y un valor optimista de $ 110. Con esta información, se puede definir el tipo de distribución estadística de esa muestra y estimar cuál será la probabilidad de ocurrencia para distintos niveles de ventas. Como resultado se podría obtener, por ejemplo, que la probabilidad de que las ventas estén comprendidas entre $ 70 y $ 140 sea del 95%, o que exista una probabilidad del 65% de que las ventas sean inferiores a $ 100.

Por otra parte, a través de la realización de análisis de sensibilidad se puede determinar cuáles son los riesgos que tienen los mayores impactos sobre las variables; por ejemplo, el impacto de las ventas estimadas sobre la rentabilidad de la empresa. Para ello, se podría calcular cuál es el nivel mínimo de ventas para que la empresa tenga rentabilidad negativa (es decir, el punto de equilibrio o break even point). Mientras más se alejan las ventas de equilibrio del valor estimado como más probable, más riesgosa será esa variable.

Otros métodos más complejos (y, por ende, menos utilizados en la realidad) para calcular numéricamente el riesgo de cada variable son el análisis de árboles de decisión, los diagramas PERT o los modelos de simulación (el más difundido es el conocido como modelo de MonteCarlo).

Respuesta al riesgo

Una vez identificados, cuantificados y priorizados los riesgos, se deberá elaborar un plan de respuesta o reacción ante los riesgos potenciales. Es decir, se deberá tomar una decisión concreta respecto de las medidas a implementar a los efectos de minimizar el impacto negativo de los posibles eventos. Dentro del proceso de elaboración de una respuesta al riesgo a través de las técnicas que se analizan con posterioridad en este capítulo, debe incluirse como un factor clave la identificación y asignación de las personas responsables de implementar los planes de respuesta al riesgo, determinando quién deberá hacer cada cosa, delegando la autoridad en caso de estimarse necesario.

Por otro lado, para que los planes de respuesta resulten eficientes, deben ser implementados en el momento oportuno. Asimismo, deben ser realistas, y encontrarse enmarcados dentro del contexto de la organización en la cual tendrán lugar. A la vez, estos planes deben ser consensuados con todas las partes involucradas como un factor crítico. Por ejemplo, si se está construyendo un edificio y existe el riesgo de escasez de un material, una respuesta al riesgo podría consistir en cambiar el material o aprovisionarse en forma anticipada. Cualquiera de esas opciones, de todos modos, necesariamente debe haber sido consensuada con el grupo de inversores o con el cliente respectivo.

Un aspecto importante a tener en cuenta a la hora de diagramar la respuesta frente al riesgo es que, en la realidad, los riesgos nunca pueden ser eliminados en forma absoluta. Toda acción que emprenda una organización o una persona, desde los proyectos más complejos hasta las tareas más simples, tienen aparejado un nivel de riesgo determinado. Si se pretende eliminar el riesgo en forma completa, la única opción posible es no llevar a cabo la actividad. Por ejemplo, si se decide llevar adelante una inversión financiera (se puede ver más adelante la vinculación existente entre riesgo y rentabilidad, dentro del presente capítulo), existe algún nivel de riesgo para el inversor; si una persona se dispone a cruzar la calle, está latente el riesgo de ser atropellada por un vehículo; en el caso de pretender desarrollar una acción comercial, puede no hallarse la respuesta buscada por parte del mercado... En todos los casos, existirá el riesgo, por lo cual es crucial determinar qué tipo de acción se llevará a cabo a los efectos de dar respuesta al riesgo respectivo.

Técnicas para la respuesta al riesgo

En virtud de lo antes expresado, se puede afirmar que existen diferentes estrategias o técnicas para la respuesta al riesgo, las cuales deben ser escogidas en función del análisis cualitativo y/o cuantitativo efectuado en etapas anteriores del proceso de gestión de riesgos.

A continuación, se presentan las diferentes técnicas que se pueden utilizar, resumiendo brevemente su naturaleza:

1. Evitar. Una de las técnicas utilizadas en la respuesta al riesgo es, simplemente, evitar que el riesgo ocurra. Para ello, deberá cambiarse el plan establecido, a fin de eliminar la causal del riesgo (lo cual no debe confundirse con eliminar el riesgo). Por ejemplo, si se determinó que el riesgo de devaluación de la moneda es relevante y podría afectar un proceso productivo dado que las materias primas se importan en dólares, se podría cambiar el plan original del proyecto y modificar el proceso productivo utilizando materia prima local. En ese caso, se estará asumiendo un nuevo riesgo (relacionado con, por caso, la posibilidad de abastecimiento de los insumos en el país de origen), aunque se evitará el riesgo de pérdida de poder adquisitivo de la moneda.

2. Transferir. Por otra parte, el riesgo podría transferirse a un tercero o a terceros. Este es el caso típico de los seguros contra robo, incendios, accidentes, riesgos de trabajo, de tipo de cambio, etc. En estos casos, se paga una prima por lo que se denomina, en términos técnicos, cobertura frente al riesgo. Más conocido es el caso de los seguros contra robo, incendios o accidentes, donde quien desea estar cubierto contrata una póliza y transfiere la probabilidad de ocurrencia del evento. Pero, adicionalmente, existen otras estrategias de cobertura, como en el caso de las finanzas corporativas, donde se pueden lograr medios de protección ante variaciones en la tasa de interés, el tipo de cambio o el precio de las mercancías, fundamentalmente a través de la utilización de instrumentos derivados.

3. Mitigar. Otra opción consiste en la implementación de medidas de mitigación, para disminuir las consecuencias negativas de las causales de riesgo hasta límites tolerables. Por ejemplo, se podría reducir el riesgo de demandas legales de un proyecto que contaminaría las aguas de un río, si se invierte en una planta de tratamiento de residuos para bajar el nivel de toxicidad de los efluentes. La estrategia de mitigación es una de las más utilizadas, dado que no altera los planes iniciales y procura, esencialmente, protegerse frente al impacto del evento de modo de minimizar la manera en que podría afectar el logro de los objetivos planteados.

4. Aceptar. Por último, la estrategia posible es la aceptación del riesgo. Aceptar un riesgo es, simplemente, seguir con los planes originales, asumiendo las consecuencias o tratando con ellas cuando ocurran. Esta es, sin duda, una estrategia agresiva, aunque muchas veces necesaria e inevitable. Si la empresa mencionada precedentemente no tuviera la opción de comprar materia prima local y no pudiera utilizar estrategias de cobertura frente a la devaluación, deberá aceptar la posibilidad de que ello suceda, sin más. Aceptar un riesgo no significa que no se actuará cuando el evento de riesgo ocurra, sino que se intervendrá solamente cuando realmente ocurra. En esta estrategia se insertan normalmente los eventos de bajo impacto, cuyos costos de corrección son más bajos que los costos de prevención.

Iniciativas legales

La gestión de riesgos no ha quedado únicamente en una teoría, o en una tendencia o moda. Hay países en los que la necesidad de que las empresas implanten una gestión de riesgos adecuadamente sistematizada, está prevista en alguna ley y por lo tanto, constituye una obligación emanada de la normativa. Tal es el caso de Estados Unidos, donde la ley Sarbanes Oxley (SOX), promulgada como resultado de los grandes fraudes financieros y contables que tuvieron como exponentes máximos a los casos de Enron (ya mencionado previamente) y Worldcom, requiere para las compañías que cotizan en la Bolsa de Nueva York, así como para las subsidiarias locales de las empresas norteamericanas que lo hacen, que se establezcan los controles internos que ayuden a asegurar que la información financiera sea precisa y confiable. La administración de una compañía, entonces, debe dar fe acerca de lo apropiado de estos controles y reconocer cualquier falla material que pudiera afectar la información financiera presentada. Uno de los pilares del establecimiento de estos controles internos es la gestión de riesgos, de acuerdo a lo dispuesto por el informe COSO, publicado en el año 1992, que constituye un marco de referencia para la aplicación de controles en las empresas, instituciones públicas y demás organizaciones·

Por otro lado, las buenas prácticas de gobierno corporativo adoptadas por las empresas como modo de dar mayor transparencia a su accionar, involucran a la gestión de riesgos como un aspecto fundamental.

Gestión de riesgos en el sector financiero: relación entre riesgo y rentabilidad

Dentro del ámbito de las finanzas, la gestión de los riesgos adquiere una dimensión particular. Si bien cualquier actividad y organización se encuentra expuesta a diferentes niveles de riesgos asociado, ésta se hace mucho más explícita y latente en el sector financiero, donde las operaciones constantemente se vinculan con los riesgos de todo tipo y naturaleza.

En relación a lo anterior, está demostrado que existe una relación directa entre el riesgo y la rentabilidad de una inversión. Resulta evidente que cuanto más volátil sea una inversión o más riesgo presente, será necesario exigirle una mayor rentabilidad a la misma de manera de que retribuya ese mayor riesgo asumido. La pregunta que cabe hacerse, entonces, es ¿qué alternativa de producto financiero ofrece una rentabilidad positiva para un riesgo nulo?

Realmente, no existe tal producto, aunque se considera como rendimiento libre de riesgo (Rf) a la rentabilidad que ofrecen las letras del tesoro de Estados Unidos a doce meses. Y no es que éstas no tengan riesgo (de impago o insolvencia), sino que más bien dentro del sistema financiero pueden constituirse en la referencia comparativa básica. Efectivamente, incluso la deuda pública, aún con el amparo del Estado, tiene riesgo de impago, que depende de la situación macroeconómica y de las cuentas públicas, y ésta es objeto de calificación por parte de las entidades especializadas (ejemplos: Moody's, S&P, Fitch).

A partir de dicha referencia (Rf), cualquier otra entidad que emita títulos de deuda tendrá que ofrecer una rentabilidad superior a Rf, ya que su riesgo es igualmente superior al que tienen las letras del tesoro americano. Dicho de otra forma, cualquier inversor racional al que le ofrecen títulos con la misma rentabilidad de las letras, e idéntico vencimiento y características intrínsecas, preferirá las letras por el menor riesgo de las mismas. Esta diferencia en rentabilidad al compararla con las letras del tesoro es lo que se conoce como "prima de riesgo". De esta forma para cualquier título se cumple que:

Rentabilidad = Rf + Prima por Riesgo

La relación anterior permite ser observada en la práctica en multitud de opciones, no sólo en los títulos de deuda. Por consiguiente, cualquier título de deuda de idénticas características que las letras del tesoro norteamericano, tiene una rentabilidad superior que éstas. Y será tanto mayor cuanto mayor el riesgo inherente al título, ya que de otra forma no tendría atractivo su suscripción. De hecho, cuando se rebaja la calificación de riesgos de la deuda pública de cualquier Estado soberano (lo cual equivale a una suba del índice EMBI + medido por JP Morgan, también conocido como "riesgo país"), en la práctica se le está obligando a subir la remuneración ofrecida por sus títulos, con sus implicaciones para las cuentas públicas (hay que pagar más por lo mismo).

Casos Arthur Andersen y Shell: las sorpresas predecibles

La gestión de los riesgos implica la necesidad de situarse delante de los hechos. Se trata de estar preparados tanto para los sucesos que se pueden evitar o cuyo impacto se puede mitigar, como para aquellos hechos que no se pueden eludir de ningún modo (lo cual sucede con mucha frecuencia). En este sentido, incluso las empresas mejor dirigidas, con gerentes altamente capacitados y sólidos procesos de gestión y planificación, son muchas veces sorprendidas por acontecimientos con consecuencias negativas que deberían haber anticipado y para los cuales se suponía que debían estar preparadas. A tal efecto, se pueden analizar dos ejemplos emblemáticos de estas situaciones:

- **El caso Arthur Andersen**: Arthur Andersen era una de las firmas de auditoría y consultoría más grandes del mundo, la más antigua y tradicional de todas, y como tal contaba con los más sólidos estándares en cuanto a su estructura y sistemas de control, difundidos en todas las oficinas del mundo y sometidos a un monitoreo periódico a los efectos de verificar su fiel cumplimiento. Independientemente de sus estrictos procedimientos y numerosos controles, Arthur Andersen se desplomó a partir de los efectos del caso Enron y sus coletazos posteriores. Las firmas auditoras deben, entre sus procedimientos, evaluar el riesgo en cualquier trabajo que desarrollen; en el año 2002, Enron (la séptima corporación más grande de los Estados Unidos) cayó en bancarrota y, con ello, arrastró a Arthur Andersen tras de sí. Todo por no haber gestionado adecuadamente los riesgos en uno solo de sus clientes…

- **El caso Royal Dutch Shell**: el 29 de abril de 1995, Shell se aprestaba a hundir una plataforma obsoleta de extrac-

> ción y almacenamiento de crudo en el Mar del Norte. Esa mañana, un grupo de activistas de Greenpeace abordó dicha plataforma impidiendo su destrucción, difundiendo el hecho ante la opinión pública y comenzando a desencadenar una serie de acontecimientos que incluyeron boicots a sus estaciones de servicio en Alemania, incendios y otros actos de vandalismo en toda Europa. Todo ello, pese a que los propios expertos en seguridad industrial de Shell habían alertado a la gerencia sobre la posibilidad de ocurrencia de hechos de este tipo. Es decir, una vez más no se analizaron correctamente las señales que eran evidentes, y no se gestionaron adecuadamente los riesgos asociados.

Casos como los de Shell y Enron – Arthur Andersen no deberían haber ocurrido si se hubieran administrado los riesgos de manera apropiada. ¿Por qué el management de las empresas se ve sorprendido por acontecimientos que se sobrevenían y que tenían ante sus ojos, produciéndose el fenómeno de la "sorpresa predecible" (concepto paradójico si los hay)? Porque, en la práctica, los riesgos no se gestionan eficientemente, siguiendo el esquema presentado en este capítulo, incluso en grandes corporaciones como las expuestas aquí. Adicionalmente, existen determinadas barreras que impiden que se vea lo que a los ojos de terceros parece evidente. Estas barreras pueden dividirse en tres grande grupos: barreras psicológicas (se tiende a creer que las cosas son como creemos que son, sin considerar las pruebas en contrario); barreras políticas (como las presiones de grupos de poder ante determinados hechos); y las barreras organizacionales (existencia de "feudos" que parcelan la información y esconden los riesgos para conservar su cuota de poder). Dichas barreras, entonces, atentan contra la necesidad de llevar a cabo una adecuada administración de los riesgos.

De todos modos, más allá de las barreras antes mencionadas (que se relacionan más con la psicología y con el comportamiento organizacional), está claro que existen deficiencias en el proceso de gestión de riesgos aun en las empresas más sofisticadas en cuanto a sus mecanismos de gestión. Todavía hoy, habiéndose probado la relevancia y la necesidad imperiosa de llevar a cabo procesos de administración de riesgos de manera apropiada, son muchas las organizaciones que dejan de lado esta disciplina o herramienta y no la incorporan a su proceso de gestión, por diferentes razones que no siempre se vinculan directamente con la cantidad de recursos a disposición. Numerosas y diversas instituciones siguen actuando de manera reactiva, impulsando su accionar cuando ya es demasiado tarde y el daño ha tenido lugar. En este sentido, es de esperar que con el correr de los años, la administración de riesgos como elemento a tener en cuenta dentro del ciclo de gestión se masifique, siendo su implementación cada vez más usual dentro del ámbito organizacional. Siempre las acciones correctivas resultan más costosas que las preventivas; la gestión de riesgos contribuye, justamente, a identificar los síntomas antes de que se conviertan en enfermedades.

Benchmarking

El carácter global adquirido por el mundo de los negocios en los últimos años ha cambiado radicalmente la manera de gestionar las organizaciones. Hoy en día, no sólo se compite con empresas de la misma región como sucedía hasta hace no demasiado tiempo atrás, sino que se presenta una rivalidad cada vez mayor con otras instituciones de otros lugares y países. Es por ello que las organizaciones deben buscar métodos o fórmulas que las dirijan hacia una productividad y calidad mayor, a los efectos de poder ser competitivos y constituirse en una herramienta de apoyo a la gestión, tal como otras analizadas en este libro. Precisamente, uno de los instrumentos que ha surgido es el denominado benchmarking.

Existen numerosas definiciones sobre el tema, aportadas por una gran cantidad de autores que han escrito sobre la materia. En este capítulo, se presentan diferentes tipos de procesos de benchmarking disponibles, que pueden servir como herramienta de gestión para diversas organizaciones dependiendo de su negocio, estructura, tamaño, recursos, entre otros aspectos. En esencia, se trata de un instrumento de control de gestión en el sentido de que provee la posibilidad de compararse con otras organizaciones, lo cual es el punto de partida para dar un salto cualitativo. Como ya se mencionó a lo largo del libro, es imposible mejorar si no se establece un marco de referencia; el benchmarking, precisamente, apunta a controlar la gestión en relación a ese parámetro prefijado.

El benchmarking, como método que sirve de base para el control y mejora de la gestión, nació a través de la experiencia y los éxitos iniciales al aplicar las técnicas probadas en el área de fabricación. Tal como se analiza posteriormente dentro del presente capítulo, existe una asociación directa entre el concepto de benchmarking y lo sucedido en la empresa Xerox a principios de los años 80. De hecho, la primera definición de benchmarking surgió en el seno de esta compañía. De acuerdo al entonces director general de Xerox Corporation, el benchmarking se define como "el proceso continuo de medir productos, servicios y prácticas contra los competidores más duros o aquellas compañías reconocidas como líderes en la industria"

Esta definición presenta aspectos importantes tales como la noción de continuidad a lo largo del tiempo, ya que el benchmarking no sólo es un proceso que se hace una vez y se olvida, sino que es un proceso continuo y constante. Otro aspecto destacable es el de la medición, ya que la misma está implícita en el proceso de benchmarking, dado que se analizan los procesos propios y los de otras organizaciones para poder compararlos. También se desprende de esta definición que se puede aplicar benchmarking a diferentes ámbitos del negocio. Y finalmente, un elemento fundamental deriva del hecho de que el benchmarking se debe dirigir hacia aquellas empresas y funciones de negocios dentro de las empresas que son reconocidas como las mejores o como los líderes de la industria, lo cual significa que no necesariamente se enfoca sobre instituciones que se desempeñan dentro del mismo sector que aquella contra la cual se pretende comparar.

Es importante tener en cuenta que muchos detractores del benchmarking cuestionan al método por estimar que se trata de una copia de las prácticas de la competencia. Sin embargo, la esencia del benchmarking se encuentra lejos de ese errado concepto; si bien la imitación sin adaptación está condenada al fracaso y no puede agregar valor a la gestión, una adecuada consideración de aquellas prácticas que sean exitosas, amoldándolas a la organización que pretende adoptarlas, puede constituirse en una poderosa herramienta de apoyo a la mejora continua de la gestión.

Orígenes del benchmarking

Tal como fue comentado, el concepto aquí analizado se originó en una empresa mundialmente famosa y reconocida, Xerox Corporation, que inicialmente buscó un método precisamente para controlar su gestión en relación a la de su competencia, como base para la mejora.

En 1979, Xerox inició un proceso de comparación competitiva. Dicho trabajo se realizó inicialmente en relación a las operaciones industriales de la empresa, a los efectos de revisar sus costos unitarios de producción; para ello, se llevaron a cabo análisis de determinados productos, comparando la capacidad y características de operación de fotocopiadoras de los competidores, y se desarmaron sus componentes mecánicos para analizarlos. Estas primeras etapas de lo que luego sería el benchmarking, se conocieron como comparaciones de calidad y las características del producto.

El concepto tal como se lo conoce en la actualidad, se definió de manera formal a través del análisis de las fotocopiadoras producidas por Fuji - Xerox, la afiliada japonesa de Xerox, y más tarde de otras máquinas fabricadas en Japón. Para realizar este estudio, Xerox envió a Japón un equipo de ejecutivos y directivos de mandos medios que incluyó a gerentes de planta, analistas financieros, ingenieros y especialistas en producción, todo un equipo multidisciplinario, con el propósito de analizar a fondo cada detalle. Se identificó, a través de esta comparación, que los competidores vendían las máquinas al mismo precio que a Xerox les costaba producirlas, por lo que se debió adaptar el proceso de producción en Estados Unidos para adoptar metas de benchmark fijadas externamente para impulsar sus planes de negocios. Allí es donde surge el concepto analizado en este capítulo: en inglés, la palabra benchmark se asocia a un punto de referencia, y precisamente en ello consistió el proceso de comparación competitiva: en buscar un parámetro a igualar o mejorar, a lo que se denomina el "best in class". Así, se hizo posible el nacimiento de una nueva técnica de control y apoyo de la gestión, revolucionaria hasta el momento.

En función del gran éxito que tuvo el hecho de identificar los nuevos procesos de los competidores, los nuevos componentes de fabricación y los costos de producción, la alta gerencia de Xerox dio la orden de que en todas la unidades de negocio se utilizara el benchmarking, y en 1983 el director general incluyó dentro de los objetivos estratégicos de la compañía a la necesidad de alcanzar el liderazgo mediante la calidad. Para ello, el plan estratégico de la empresa multinacional estableció que el benchmarking, junto con la participación de los empleados y el proceso de mejora de la calidad, debían ser contemplados como los elementos fundamentales a los efectos de alcanzar los estándares de productos y procesos perseguidos. Dado el éxito que resultó el benchmarking como herramienta para la mejora, Xerox luego profundizó su estudio comparativo. En una segunda etapa, amplió el horizonte del benchmark, tomando como referencia a la tarjeta de crédito American Express, por su eficacia en la facturación; y a la compañía Cummins Engine, por su liderazgo en la planificación de producción (aplicando dos categorías diferentes de benchmarking, tal como se indica posteriormente en este capítulo). Es así como Xerox demostró uno de los postulados del benchmarking: no solamente es posible compararse con la competencia, sino con quien mejor hace las cosas, independientemente de la industria en la cual se desempeñe (esto es, el "best in class"). Así es como la compañía norteamericana se convirtió en líder innovadora en el campo de la gestión.

Debe tenerse en cuenta, en relación a lo novedoso de lo realizado por Xerox, que hasta antes de 1981, la mayoría de las corporaciones industriales realizaban sus comparaciones con operaciones internas dentro de las propias compañías. La herramienta de benchmarking modificó esta tendencia, ya que se estableció la necesidad de considerar a los procesos y productos de la competencia (eso es precisamente lo que hicieron los ejecutivos de la empresa norteamericana en Japón), así como el tener en cuenta otras actividades diferentes a producción como ventas, servicio de post venta, gestión de calidad, como susceptibles de ser sometidos a un estudio de benchmarking. Durante esta etapa inicial del concepto de benchmarking, las empresas sólo analizaban sus procesos en comparación con la competencia. Fue precisamente a partir de ello que se comprendió que la comparación con la competencia, más allá de ser complicada (por la dificultad de conseguir y compartir información), sólo ayudaría a igualarlos, pero jamás a superarlos y a ser más competitivos. En este contexto, un ejecutivo de Motorola afirmó: "cuanto más lejos de nuestro sector está el referente de las comparaciones, más satisfechos nos sentimos; al fin y al cabo, nosotros buscamos superioridad, y no paridad competitiva".

Fue por lo antes mencionado, y en el ejemplo de Motorola se puede ver con claridad, que se inició la búsqueda de una nueva manera de llevar a cabo el benchmarking, que permitiera ser superiores; es así que se asocia al concepto de benchmarking con la necesidad imperiosa de descubrir las mejores prácticas donde quiera que existan, independientemente del sector o la industria en la que se desenvuelvan los puntos de referencia de la comparación. En virtud de lo anterior, existen diferentes categorías de benchmarking de acuerdo al sector donde se desenvuelve el "best in class" identificado, lo cual se analiza seguidamente en el presente capítulo.

Categorías de benchmarking

En función de lo indicado precedentemente, el benchmarking se puede llevar a cabo de diferentes maneras, de acuerdo adonde se encuentre el parámetro de referencia escogido para la comparación. Las categorías más utilizadas para la clasificación son las expuestas a continuación:

Benchmarking interno

En la mayor parte de las empresas multinacionales con presencia internacional, se pueden encontrar funciones similares en diferentes unidades operativas o unidades de negocios. Precisamente por ello, resulta sencillo llevar a cabo las comparaciones entre dichas operaciones internas. Por ejemplo, Coca Cola posee plantas en diferentes países del mundo, que llevan a cabo sus procesos de manera estandarizada pero con distinciones propias de la impronta dada por la gerencia en cada sitio. Entre dichas plantas, es posible identificar las mejores prácticas y desarrollar su implementación en las demás.

Una de las grandes ventajas del benchmarking interno consiste en la simpleza para la obtención de datos, y la inexistencia habitual de conflictos en relación a la confidencialidad de la información (aspectos que constituyen obstáculos habituales, por citar un caso, en el benchmarking competitivo cuyas peculiaridades se comentan luego dentro de este capítulo). En este sentido, los datos pueden ser tan amplios y completos como se desee, puesto que en definitiva el "dueño" de la información es el mismo.

Benchmarking competitivo

El origen del concepto aquí tratado, como ya fue indicado, justamente se relacionó con el benchmarking competitivo, dado que la forma más obvia de desarrollar esta práctica es comparándose con los competidores directos o que actúan en el mismo mercado. Ellos cumplirían, o deberían hacerlo, con todas las potenciales pruebas de comparabilidad. En definitiva, cualquier investigación de benchmarking debe mostrar cuáles son las ventajas y las desventajas comparativas entre los competidores directos.

Sin embargo, pese a su conveniencia por los resultados que se pueden obtener, existen obstáculos críticos para el adecuado desarrollo de este tipo de comparaciones. En muchos casos, puede ser realmente difícil obtener información sobre las operaciones de los competidores e, incluso, puede no ser posible. Existen diferentes técnicas de obtención de datos luego detalladas (algunas de las cuales podrían considerarse un delito, pese a lo cual son utilizadas de todos modos), que podrían eventualmente presentar dificultades de gran relevancia para su aplicación (como puede suceder cuando una empresa patenta una fórmula).

Siguiendo el caso de las bebidas sin alcohol, un ejemplo típico de benchmarking competitivo es el que podría llevarse a cabo para productos y servicios desarrollados y ofrecidos por Coca Cola y Pepsi Cola. De hecho, más allá del caso citado, este tipo de benchmarking es el que, con mayor o menor grado de formalidad, se aplica y se persigue en la actualidad: todas las organizaciones desean permanentemente saber cómo se encuentran en relación a sus procesos, productos, precios, calidad y otros atributos en relación a su competencia directa o indirecta.

Benchmarking funcional

Esta es, quizá, la mayor innovación que trajo aparejado el desarrollo del concepto de benchmarking tal como se lo conoce en la actualidad. En esencia, el benchmarking funcional se basa en el hecho de que no es necesario concentrarse únicamente en los competidores directos de productos, sino que lo importante es buscar al "best in class", al que mejor desarrolla un proceso o actividad, independientemente de la industria o sector en el que se desenvuelva.

En tal sentido, existe una enorme posibilidad de identificar competidores funcionales o líderes para ser utilizados en un proceso benchmarking, incluso si se encuentran en industrias disímiles. Este tipo de benchmarking ha demostrado ser productivo, ya que fomenta el interés por la investigación y los datos compartidos, debido a que no siempre existe el problema de la confidencialidad de la información entre las empresas que se desempeñan en otros ámbitos, sino que también existe un interés natural para comprender las prácticas en otro lugar.

A través de este tipo de análisis, se procura compararse con quienes mejor lleven a cabo un proceso en particular. Por ejemplo, es aceptado en el mundo de los negocios que no hay quien lleve a cabo un mejor proceso de atención a sus clientes que la cadena de comidas rápidas Mc Donald´s. Por ello, son muchas las organizaciones, empresas de servicios, compañías industriales o comercializadoras cuyo proceso de atención al cliente presenta características muy distintas a la manera en que lo hace Mc Donald´s, que buscan la mejora de la gesción a través de compararse con la cadena de comidas rápidas. La mejora buscada por Xerox a través de su comparación con Cummins Engine antes citada constituye otro claro caso de éxito de la utilización del benchmarking competitivo.

Benchmarking genérico

Hay muchos expertos que no contemplan la existencia o utilización de esta categoría, debido a que consideran que se encuentra incluida dentro del benchmarking funcional. Este tipo de análisis se halla relacionado con el hecho de que existen algunas funciones o procesos en las organizaciones que son similares o estandarizadas con independencia del tipo de negocio del que se trate, como puede ser el despacho de pedidos, el abastecimiento de materiales o la selección de personal (se realiza de manera más o menos parecida en Mc Donald´s, Coca Cola o Xerox).

El beneficio de esta forma de llevar a cabo un proceso de benchmarking, radica en que se pueden descubrir prácticas y métodos que no se implementan en la industria propia de la organización que busca la mejora, por lo cual surge una mayor posibilidad de revelar la mejor de las mejores prácticas. El benchmarking genérico requiere de una amplia conceptualización, pero con una comprensión cuidadosa del proceso que se analiza. Es el concepto de benchmarking más difícil para obtener aceptación y uso, pero se considera como uno de los que mayor rendimiento demuestra a largo plazo.

Un ejemplo de aplicación de este tipo de benchmarking es el aplicado por Xerox en su proceso de comparación con American Express en relación a su proceso de facturación. Se trata de procesos más o menos parecidos en cuanto a su implementación y aplicación, que puede ser analizado para empresas que se dedican a actividades diferentes como las antes mencionadas.

Metodología de aplicación práctica del benchmarking

Como fue comentado en la introducción, este libro no sólo pretende describir los conceptos fundamentales relacionados con la planificación, los presupuestos y las técnicas de control de gestión, sino también proveer al lector de herramientas que conviertan a los temas aquí tratados en instrumentos de aplicación practica.

En relación al benchmarking, hay diferentes versiones en cuanto a su posibilidad de aplicación práctica. Dado que para su definición se analizó el caso de Xerox, es también a ese ejemplo emblemático que conviene remitirse, puesto que fue esa compañía donde no sólo se originó la disciplina, sino que también allí tuvieron lugar las primeras experiencias concretas. Según Robert Camp, directivo clave de Xerox en el desarrollo de los trabajos de comparación competitiva, el proceso de benchmarking está compuesto por cinco fases. A continuación, se describen brevemente cada una de dichas etapas:

Etapa 1: Planeación

El objetivo de esta primera fase consiste es planificar las investigaciones de benchmarking, estableciendo, como en todo proyecto, los principios sobre los que se debe basar la investigación. Ello involucra las siguientes actividades:

1.- **Identificar qué procesos se van a someter a un benchmarking:** el primer paso debe ser la determinación de qué es lo que se quiere comparar, y por qué;

2.- **Identificar compañías comparables**: aquí se establece, como punto saliente, la categoría de benchmarking que se pretende aplicar (es decir, interno, competitivo, funcional o genérico), lo cual derivará en la definición respecto de con que compañías u organizaciones se habrá de efectuar la comparación;

3.- **Determinar el método para recopilación de datos y recopilar los datos**: esta etapa es crucial, definitoria, ya que consiste en la identificación de las posibles fuentes de información. En numerosas oportunidades, la disponibilidad de datos se encuentra limitada, lo cual puede asimismo orientar la decisión acerca de la viabilidad (o no) del benchmarking. Dentro de las posibles fuentes y métodos de obtención de información, se pueden mencionar los siguientes:

- Información interna;
- Información del dominio público (bibliotecas, bases de datos, datos de dependencias gubernamentales);
- Publicaciones de cámaras industriales y medios especializados;
- Internet y redes sociales;
- Asociaciones profesionales;
- Bibliografía específica;
- Expertos y consultoras (incluyendo la posibilidad de realizar espionaje industrial, lo cual está penado por la ley pero de todos modos se suele aplicar);
- Encuestas encargadas e investigaciones dirigidas o semi – dirigidas;
- Visitas directas.

Etapa 2: Análisis

Una vez determinadas las características principales del proceso de benchmarking, identificando cómo se va a llevar a cabo la recopilación y el análisis de los datos, se debe realizar un estudio del desempeño actual, identificando la brecha existente así como una proyección de los niveles futuros de desempeño una vez efectuadas las mejoras derivadas de este trabajo de mejora de la gestión. Es decir, esta etapa de análisis consiste en un diagnóstico de situación: se revisa el desempeño de la organización en la que se pretende llevar a cabo el estudio, se la compara con el benchmark o el punto de referencia escogido, y se determina la brecha existente, a partir de lo cual surgirán naturalmente las oportunidades de mejora.

Normalmente, la brecha identificada será negativa, puesto que el desempeño de la institución bajo análisis suele estar por debajo del "best in class" (por algo lo es). Pero, de todos modos, pudiera encontrarse una situación de paridad respecto de las mejores prácticas. En cualquier caso, esta etapa resulta crítica, puesto que precisamente se ocupa de establecer qué tan lejos se encuentra la organización analizada respecto de la excelencia.

Etapa 3: Acción

Si bien el diagnóstico resulta esencial, no es suficiente con obtener una fotografía o un estado de situación. Quedarse solamente en la identificación de oportunidades de mejora sin llevar acciones concretas a cabo, resulta en una pérdida de tiempo y de recursos. Los hallazgos en relación a la brecha de desempeño tienen que derivar en planes de acción específicos que vayan dirigidos a cubrir la brecha encontrada, de manera tal de evitar continuar en la misma situación. No se pueden conseguir resultados diferentes si se sigue haciendo exactamente lo mismo; es por ello que estas acciones específicas deben ser puestas en práctica, y se tiene que crear un mecanismo de medición periódica para determinar los logros alcanzados.

Como en cualquier caso y tal como se especificó en el capítulo relacionado con planificación, el establecimiento de planes requiere asignar responsables, fechas, recursos y otros factores a tener en cuenta. Dado que el benchmarking suele necesitar que se produzcan cambios trascendentales (similares a los que se desarrollan en actividades de reingeniería de procesos, disciplina que es analizada en este mismo libro), es habitual que deban conformarse equipos ad hoc, los cuales administren el cambio como sucede en cualquier proyecto o programa.

La acción requiere, asimismo, la retroalimentación del proceso de benchmarking. Esta actividad es también conocida como "recalibrar el benchmark", y se vincula con la necesidad de que los planes que se establecen como consecuencia de la brecha que debe ser cubierta produzcan una mejora continua en la gestión. Una vez más, esta técnica de apoyo a la gestión se relaciona con el círculo de Deming, en tanto plantea un ciclo virtuoso de mejora de la administración de la organización.

Etapa 4: Madurez

Esta fase es difícil de lograr en la práctica, y sólo tiene lugar cuando el proceso de benchmarking resulta exitoso. De hecho, la madurez sólo será alcanzada cuando se incorporen las mejores prácticas de la industria a todos los procesos del negocio, asegurando así la superioridad competitiva (como señala el directivo de Motorola citado en este capítulo, las empresas procuran sacar una ventaja respecto de los actores que intervienen en su mercado).

Por otra parte, se puede lograr la madurez en un proceso de benchmarking cuando se convierte en un proceso de mejora continua, institucionalizando las mejores prácticas. De esta forma, en una organización en la que se busca el desarrollo permanente, el benchmarking permite dar un salto cualitativo tal como se expresa en la siguiente gráfica:

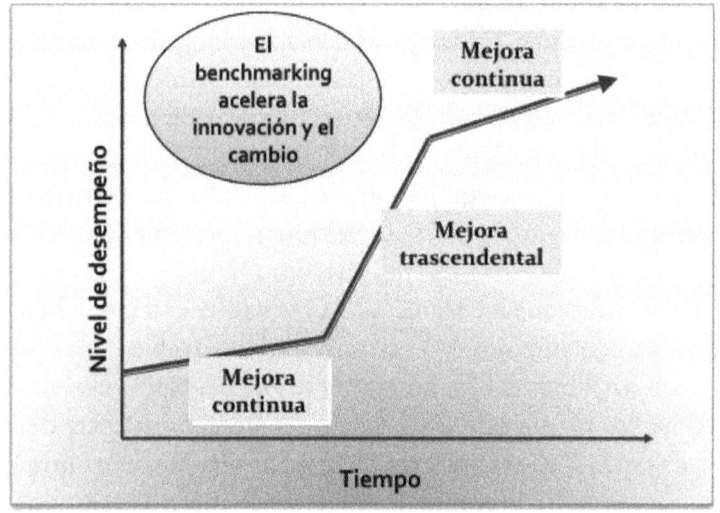

Fuente: elaboración propia

Habiendo analizado las etapas que deben contemplarse para llevar a cabo un proceso de benchmarking, a continuación, y tal como se ha realizado con otros conceptos presentados en este libro, se desarrolla un caso emblemático vinculado con este tema.

Caso de éxito: Southwest Airlines

Así como las compañías industriales aprovechan su capacidad productiva al emplear sus maquinarias al máximo, las empresas de navegación aérea optimizan el uso de sus activos a través del tiempo que sus aviones se encuentran en vuelo. Dado el elevado porcentaje que representan los activos fijos en los estados financieros de estas organizaciones, debe procurarse amortizar la inversión a través de la eficientización lograda mediante una adecuada gestión de los bienes de uso.

En relación a lo anteriormente indicado, la empresa de aviación norteamericana Southwest Airlines se halló en los años

90 ante un inconveniente serio: los prolongados "tiempos en tierra" de su flota (es decir, el lapso de tiempo requerido para la carga y descarga, repostaje, limpieza y controles de seguridad de sus aviones). De acuerdo a un diagnóstico efectuado por la compañía a través de un proceso de benchmarking, el reacondicionamiento de los aviones le llevaba a Southwest un promedio de 1:45 horas, mientras que el mejor competidor o "best in class" lo hacía en 45 minutos. Esto resultaba en mayores costos de diversa índole para la empresa; más allá del costo de oportunidad dado por el hecho de que aviones tenían menor disponibilidad de tiempo para volar, los cargos aplicados por los aeropuertos por estacionamiento (parking fee) eran muy superiores a los que debían erogar otras compañías del sector. Todo ello derivaba en una pérdida de competitividad significativa para Southwest Airlines, que decidió mejorar su gestión a través del benchmarking.

Utilizando la técnica aquí estudiada, Southwest consiguió reducir drásticamente los tiempos en tierra. Para ello, buscó el parámetro o marco de referencia fuera de su sector. A tal efecto, comparó su proceso de repostaje con lo desarrollado por las cuadrillas de cambios y ajustes de los autos que competían en la categoría Indy 500 (es decir, carreras de automóviles). En estas competencias, al igual que sucede en la Fórmula 1, el servicio técnico es altamente calificado, y tiene que ser efectuado en el menor tiempo posible. Southwest Airlines estudió los procedimientos de las paradas en boxes (donde se realizan trabajos bajo una extrema presión de tiempo y rigurosas medidas de seguridad) para luego adaptarlos y aplicarlos a su propia industria.

El resultado de este benchmarking derivó en mejoras espectaculares para esta compañía: redundó en una reducción del tiempo en tierra de sus aviones tal que la propia Southwest se convirtió en el ejemplo a seguir por sus competidores: una vez implementado el plan de acción diseñado mediante la comparación con la cuadrilla del equipo de automóviles, la compañía redujo ese tiempo de reacondicionamiento a sólo doce minutos.

Conclusiones sobre la importancia del benchmarking

Actualmente, las empresas se enfrentan a mercados globales que les presentan retos cada vez más grandes. Uno de los desafíos principales es el de la competitividad, ya que no sólo se enfrentan a empresas locales, sino que la competencia tiene lugar entre organizaciones que se desempeñan en todo el mundo. Para ser cada vez más competitivas, las empresas llevan a cabo estrategias que permiten identificar las mejores prácticas de negocios entre todas las industrias reconocidas como líderes, que al adaptarlas e implementarlas en la organización permiten no sólo alcanzar a la competencia directa, sino que pueden otorgar una ventaja competitiva mayor (como en el caso de Southwest antes presentado).

En general, se puede determinar que el proceso de benchmarking, si es llevado a cabo de manera constante y se institucionaliza, se constituye en una herramienta que contribuye a mejorar el desempeño de la gestión al permitir identificar las mejores prácticas de negocios entre las industrias líderes, de manera de lograr ser más competitivos y buscar el éxito en un mercado cambiante y global en el que las empresas tienen que desempeñarse actualmente. Es importante tener en cuenta que esta técnica no solamente puede aplicarse en empresas privadas; son muchas las organizaciones públicas que han implementado el benchmarking, así como organizaciones de la sociedad civil e incluso personas individuales. El éxito del benchmarking no se relaciona con el tipo de institución en la cual se lleve a cabo, sino con la voluntad política de los máximos responsables de una organización para llevarlo a cabo, en forma complementaria a su factibilidad desde el punto de vista técnico.

La reingeniería de procesos como método para la mejora de la gestión

En el recorrido que este libro, en esta segunda parte, realiza sobre las diferentes alternativas existentes para el control y mejora de la gestión, resulta trascendente focalizarse en una herramienta que, en los últimos años, ha demostrado a través de hechos concretos que permite lograr un mayor nivel de desempeño en relativamente poco tiempo: la reingeniería de procesos.

La reingeniería supone la necesidad de estudiar a las organizaciones a través de un enfoque de gestión por procesos, dejando de lado la visión funcional tradicional. Habitualmente, las organizaciones se estructuraban basadas en la división del trabajo, lo cual generaba problemas de rendimiento experimentados como consecuencia de la fragmentación de los procesos de trabajo

Precisamente, uno de los motivos por los cuales las organizaciones han ido direccionándose hacia este enfoque, es que han logrado en el corto plazo, a través de la aplicación de herramientas de gestión que tienen su foco en los procesos como el benchmarking, la calidad total, la implementación de sistemas de gestión de la calidad bajo ISO 9000 o la misma reingeniería de procesos (algunos conceptos que son analizados en este libro), una reducción de costos, mejora de calidad en la producción de bienes y prestación de servicios (productividad) u optimización en el uso de los recursos, dada su orientación específica a metas concretas, su orientación a resultados . En este capítulo, se analiza la manera en que la reingeniería de procesos, adoptando este enfoque moderno, se constituye en una herramienta que permite lograr cambios en la gestión de modo de mejorar los resultados en el corto a mediano plazo.

Definición de proceso

Para adentrarse en el estudio de la reingeniería y de lo que se puede lograr a través de ella, resulta primordial definir adecuadamente el concepto de proceso y su entendimiento en el ámbito organizacional. Un proceso se puede definir como un conjunto de tareas, actividades o acciones interrelacionadas entre sí que, a partir de una o varias entradas de información, materiales o de salidas de otros procesos, dan lugar a una o varias salidas también de materiales (productos) o información con un valor agregado. En este sentido, G. Munich y M. García definen al proceso como "el conjunto de fases o etapas sucesivas a través de las cuales, se hace efectiva la administración, mismas que son interrelacionados y forman un proceso integral" . Esta definición refleja idea de continuidad a lo largo del tiempo en relación a los procesos, a la vez que brinda las bases para la comprensión de los procesos como sistemas, en función de su interrelación.

En función de lo antes expuesto, resulta interesante remarcar tres elementos importantes en un proceso:

- **Valor agregado**: el proceso recibe unos inputs o entradas y los transforma para lograr un output que tenga un valor agregado como resultado del proceso;
- **Traspaso (flujo)**: en un proceso, la información y los recursos fluyen a lo largo de la organización de manera

transversal, traspasándose horizontalmente dentro de la estructura;

- **Control**: es fundamental llevar a cabo un control del proceso de modo que las actividades de traspaso se lleven a cabo de acuerdo a especificaciones previas de calidad, tiempo y costo establecido.

Algunos ejemplos de procesos pueden ser los de producción de bienes, la entrega de productos o servicios, el relacionamiento y atención a los clientes, el propio desarrollo de la estrategia general de la empresa, la investigación de nuevos productos o servicios. O, yendo a lo más tradicional, los procesos que tienen lugar en las organizaciones son compras, ventas, cobranzas, pagos, etc.

Los procesos antes mencionados, tienen en común el hecho de que se trabaja con recursos (materiales, energía, información) que se transforman, utilizando alguna lógica, un método o racionalidad dominante que se mantiene durante la actividad y que permite identificar el proceso. Por otro lado, la continuidad antes mencionada implica que exista un permanente recomienzo de las actividades (recurrencia), las cuales no se detienen salvo por crisis o conflictos.

Reingeniería de procesos

Comprendiendo qué es un proceso y cómo este forma parte integral de las empresas e instituciones, cualesquiera sea su naturaleza, es posible entonces llegar a una definición y acercamiento conceptual a lo que involucra la reingeniería.

Hammer y Champy, los pioneros en materia de reingeniería de procesos, la definen como "la reconcepción fundamental y el rediseño radical de los procesos de negocios para lograr mejoras dramáticas en medidas de desempeño tales como en costos, calidad, servicio y rapidez"

Por lo tanto, se trata de una reformulación conceptual fundamental y una visión holística de una organización. Preguntas como: ¿por qué hacemos lo que hacemos? y ¿por qué lo hacemos como lo hacemos?, llevan a interiorizarse en los fundamentos de los procesos de trabajo.

La reingeniería de procesos es radical hasta cierto punto, ya que busca llegar a la raíz de las cosas; no se trata solamente de mejorar los procesos, sino y principalmente, de reinventarlos, con el fin de crear ventajas competitivas de relevancia, con base a diferentes herramientas dentro de las cuales se encuentran los cambios en la estructura, los tecnológicos, la redefinición de procedimientos, entre otros. En relación a este punto, un error habitual consiste en pensar que la reingeniería sólo es posible si se modernizan los sistemas de información o se introduce tecnología en un proceso; la automatización o su optimización son sólo una parte de la reingeniería. De nada sirve comprar el mejor sistema si luego no se implementa adecuadamente, por ejemplo. Asimismo, es posible lograr una mejora trascendental en el desempeño de los procesos con una simple reasignación de responsabilidades, con un orden lógico y racional de los procesos, entre otras cuestiones.

Por otro lado, es importante señalar que muchas veces el término reingeniería de procesos es incorrectamente utilizado. Sólo es posible efectuar una reingeniería cuando existe una definición previa y adecuada de los procesos; por ello, en numerosas ocasiones resulta inútil sobre imponer una nueva estructura sobre procesos viejos, por lo que en dichos casos debería mencionarse la necesidad de una "ingeniería" de procesos (es decir, su adecuada definición).

La reingeniería, entonces, está muy vinculada con la innovación, puesto que supone inventar nuevos enfoques de la forma en que se hacen las cosas. Por ejemplo, una compañía pública podría efectuar una reingeniería del proceso de ejecución presupuestaria a través de la descentralización en las diferentes áreas que la componen. En cualquier caso, los resultados perseguidos a través de la reingeniería son:

- Incremento de la productividad;
- Incremento de la eficiencia y racionalización de los procesos;
- Reducción de costos.

Características comunes en los procesos de negocios rediseñados

La reingeniería de procesos suele derivar en la simplificación de los procesos de gestión. Muchas veces, la problemática de los procesos se relaciona con la dificultad para llevar a cabo las tareas, más que con la falta de automatización o las personas que los ejecutan. La burocratización, en numerosas oportunidades, es entonces enemiga de una adecuada gestión y la obtención de resultados.

Entonces, se pueden identificar algunos rasgos comunes en los procesos una vez que éstos han sido sometidos a una reingeniería. Dichos factores se pueden resumir de la siguiente manera:

- **Combinación de varias tareas se combinan en una**. La característica más común y básica de los procesos rediseñados es que desaparece el trabajo en serie. Es decir, muchos oficios o tareas que antes eran distintos se integran comprimen en uno solo.

- **Descentralización en la toma de decisiones**. Las compañías que emprenden la reingeniería no sólo reducen los procesos horizontalmente, sino que también se efectúa una compresión vertical. Ello significa que en aquellos puntos de un proceso en que los trabajadores tenían que acudir antes al superior jerárquico, son los propios trabajadores los que empiezan a realizar aquella parte del trabajo que antes ejecutaban los gerentes. Ello suele derivar en la reducción de demoras, costos indirectos más bajos, mejor reacción frente a los clientes y el empoderamiento de los empleados.

- **Ejecución de etapas del proceso en orden natural**. En los procesos rediseñados, el trabajo es secuenciado en función de lo que es necesario hacerse antes o después. Esto implica la asignación de una lógica racional a los procesos, evitando la repetición del trabajo, que es una fuente importante de demoras.

- **Reducción de las verificaciones y controles**. Las tareas que no agregan valor suelen ser minimizadas en los procesos rediseñados, especialmente aquellas vinculadas con la verificación y control: o para decirlo con más precisión, los procesos rediseñados hacen uso de controles solamente hasta donde se justifican económicamente, donde la relación costo – beneficio arroja un resultado positivo.

Metodología para llevar a cabo una reingeniería de procesos

A continuación, y cumpliendo con una de las premisas mencionadas varias veces a lo largo de este libro acerca de la intención de presentar la manera de aplicar los conceptos analizados en este libro en la práctica, se presenta una metodología, válida entre muchas otras que poseen el mismo objetivo, para realizar una reingeniería de procesos de manera sistemática.

Tomando a la reingeniería como un proyecto, se la puede dividir en diferentes fases o etapas que deben ser diseñadas e implementadas de un modo armonioso. Dichas etapas principales son:

Fase 1 - Diagnóstico y Planificación

Consiste en evaluar la situación que sienta las bases para la reingeniería y planificar el proyecto con sus características peculiares de acuerdo a la ocasión. Para ello, comprende las siguientes actividades:

- **Documentar el modelo del proceso**: se trata de conocer, analizar y documentar el modelo de procesos actual, identificando las actividades realizadas y los agentes involucrados (proveedores, clientes y grupos de interés), así como los atributos, entradas y salidas de cada proceso;
- **Evaluar la situación actual**: comprende la evaluación de las necesidades de los agentes y las diferencias existentes entre la situación actual del proceso y el objetivo al cual se quiere llegar;
- **Evaluar el enfoque de mejora**: se trata de determinar el nivel de cambio requerido con la mejora del proceso;
- **Desarrollar el plan de trabajo**: comprende la determinación de los diversos aspectos para realizar adecuadamente el proyecto (incluyendo actividades, productos, recursos y comunicación) así como la conformación del equipo de trabajo respectivo;

Fase 2 - Situación Actual y Situación Futura

Esta fase ayuda a definir, de manera concreta, la naturaleza de la problemática de los procesos a ser rediseñados. Es aquí donde se identifican los puntos débiles y las oportunidades de mejora. A tal efecto, esta etapa comprende las siguientes tareas:

- **Documentar y analizar el modelo de procesos y subprocesos:** se trata de lograr una visión general del flujo de procesos, analizando los requisitos de los agentes, y comportamiento de los subprocesos que lo componen. A su vez, implica desarrollar un modelo de operaciones para cada uno de los subprocesos seleccionados con el fin de analizar su comportamiento respecto a los indicadores de rendimiento seleccionados, identificando el valor agregado por cada operación;
- **Identificar debilidades y fortalezas del proceso y las oportunidades de mejora en el corto plazo:** consiste en realizar el análisis causa-raíz de las operaciones y problemas identificados. A su vez, se trata de resumir y priorizar las fortalezas y debilidades del proceso, desarrollando un programa de mejoras a corto plazo del Proceso y seleccionando el tipo de ruta a seguir para los proyectos de rediseño;
- **Definir el diseño del estado futuro del proceso:** comprende el desarrollo del modelo del proceso según la visión del estado futuro, definiendo de forma detallada los flujos y productos, identificando la estructura organizativa y las aplicaciones clave y la arquitectura tecnológica acorde, en caso de corresponder;
- **Efectuar un análisis costo – beneficio:** se trata de asegurar que las mejoras a corto plazo sean coordinadas con la visión del estado futuro del proceso, desarrollando un análisis costo - beneficio y evaluando su riesgo.

Fase 3 – Diseño

Esta etapa se orienta a definir la manera en que quedará establecido el proceso luego de ser sometido a la reingeniería, explicitando las características de la alternativa seleccionada para la mejora. La fase en cuestión consiste en llevar a cabo las siguientes actividades:

- **Diseño detallado del estado futuro del proceso:** comprende el desarrollo de las alternativas de diseño al, seleccionando una opción concreta en función del estado futuro vislumbrado;
- **Desarrollo de los cambios en la estructura organizacional:** a través de esta actividad se establecen los cambios a llevar a cabo en la estructura, los cuales se focalizan en aspectos relativos a los puestos de trabajo, los equipos, así como los sistemas de evaluación de desempeño, compensaciones y capacitación requerida para los recursos humanos;
- **Desarrollo de cambios en los sistemas de información:** en caso de corresponder, esta actividad involucra el diseño de las mejoras o adecuaciones del sistema de información necesario para operar con la nueva lógica o racionalidad del proceso, ya sea por implementaciones de nuevas herramientas o por las modificaciones a las aplicaciones existentes;
- **Finalización del diseño del estado futuro del proceso:** una vez efectuadas las actividades antes indicadas relacionadas con el diseño, es necesario elaborar un plan de implementación, detallando los cambios a llevar a cabo, los tiempos de ejecución y los responsables respectivos.

Fase 4 – Implementación

Esta etapa es, claramente, la más compleja, prolongada, costosa y difícil de llevar adelante en un proceso de reingeniería. A todas luces, es la que más energía y recursos consume, y donde suelen fracasar aun los proyectos mejor planificados y los más ambiciosos. El desafío en relación a la implementación consiste en probar la validez y pertinencia del diseño, y en determinar si el proceso pensado puede tener su correlato en la realidad. De hecho, y aunque parezca pesimista, en la práctica la mayoría de los procesos de cambio ideados a través de reingenierías de procesos suelen fallar, por cuestiones de diversa índole, incluyendo la impericia de quienes tienen a cargo las acciones de implementación, las fallas en el diseño, los imprevistos, la falta de recursos o incluso la propia inercia de resistencia al cambio de la organización.

A través de esta fase, se debe llevar a cabo la realización de todas las actividades previstas, incluyendo una conclusión adecuada del proyecto de reingeniería de manera tal de permitir que el proceso rediseñado funcione correctamente y se asegure la sostenibilidad del cambio. Esta etapa, en consecuencia, comprende las siguientes actividades principales:

- **Implementación de los cambios organizativos:** se trata, justamente de implementar en forma completa las modificaciones a la estructura identificadas en el diseño del estado futuro del proceso;
- **Implementación de los cambios tecnológicos:** consiste en llevar adelante las modificaciones determinadas en relación a la arquitectura tecnológica (en caso de corresponder), de modo de poder apoyar el desarrollo del nuevo proceso futuro;
- **Implementación del proceso:** esta es, sin dudas, la parte medular de la reingeniería de procesos. Se relaciona con la necesidad de implementar, controlar el cambio y retroalimentar (y ajustar) el nuevo proceso,

poniendo en práctica los nuevos procedimientos diseñados y las actividades concebidas;

- **Conclusión del proyecto de reingeniería:** de modo de acumular lecciones aprendidas a través de la experiencia, se sugiere elaborar un informe sobre la implementación, analizando los costos y beneficios alcanzados por el proyecto, de manera de darle un cierre apropiado.

En definitiva, los procesos de reingeniería suponen la realización de cambios importantes, tal como establece la definición de Hammer y Champy, que requieren que la organización se encuentre preparada para recibirlos y que se halle culturalmente madura para acompañar el proceso de cambio.

Otro aspecto relevante a tener en cuenta, se relaciona con la definición de quién debería llevar a cabo un proyecto de esta naturaleza. La reingeniería de procesos puede ser desarrollada tanto por parte del personal interno de una empresa, como por medio de consultores externos. Lo importante, en cualquier caso, es tener presente la necesidad de llevar a cabo un diagnóstico inicial de la situación, un diseño de los procesos como se supone quedarán una vez sometidos a una reingeniería, y la implementación de las acciones de mejora identificadas. Muchas veces, los actores internos de una organización pueden tener los conocimientos para liderar y afrontar un proceso de reingeniería y, por otra parte, es indudable que son ellos quienes mejor comprenden el funcionamiento de la entidad bajo análisis. Sin embargo, dado que como ya fue indicado el objetivo de la reingeniería apunta a la mejora de los estándares de gestión, el involucramiento y hasta cierto punto contaminación de los responsables internos puede atentar contra la posibilidad de entender los puntos de mejora y su posibilidad de implementación. Es por ello que suele recurrirse a consultores externos, cuyo nivel de compromiso en todo sentido (hasta afectivo) con la organización es mucho menor, y aunque no estén tan impregnados de la cultura de la entidad, tienen mayores posibilidades de apoyar el mencionado proceso de apoyo a la gestión.

La reingeniería como parte del proceso de control de gestión

Si una empresa se propone llevar adelante un proceso de reingeniería, es porque desea mejorar sus prácticas de gestión. En este sentido, la reingeniería de procesos es una herramienta de control de gestión, puesto que existe una premisa básica a tener en cuenta ya comentada a lo largo del libro: lo que no se mide, no se puede controlar, y lo que no se controla, no se puede mejorar.

La reingeniería de procesos se encuentra orientada a la mejora continua en las instituciones, al igual que todo proceso de control de gestión. Si se comprende que a partir de la optimización del desempeño de los procesos operativos y administrativos es posible lograr mejoras sustanciales en la performance de la empresa, entonces se entenderá por qué y cómo la reingeniería es una manera de controlar la gestión. Otra vez, aparece el círculo de Deming dentro del proceso de mejora de la administración.

Si nos remontamos a los orígenes del concepto de reingeniería, veremos que están íntimamente ligados a la necesidad de un control y optimización de la gestión. La reingeniería en su actual acepción, de hecho, tuvo su origen en Occidente como una reacción de las empresas estadounidenses a sus problemas de competitividad frente a las compañías japonesas (algo similar a lo observado en el proceso de benchmarking). Estas últimas venían trabajando desde hacía mucho tiempo en la "mejora continua", logrando de tal forma ir sacando continuas e importantes ventajas frente a las organizaciones occidentales. Así dadas las circunstancias, la única forma que tenían las empresas norteamericanas de dar un salto que las reposicionara frente a sus competidores era modificando sustancialmente sus procesos, y la necesidad de ese cambio cualitativo surgió como consecuencia de un control de la gestión de las compañías norteamericanas. Era preciso destruir los viejos conceptos que las limitaban e impedían el desarrollo, evolución y puesta en práctica de nuevos conceptos tanto en materia de productos, como de procesos. Entre las más expuestas de las industrias se encontraban las automotrices, las cuales generaban productos que ya no satisfacían las demandas y necesidades del consumidor; sus procesos, tanto de diseño como de producción, eran superiores en plazo a las de sus competidores japoneses, además de adolecer de altos costos y bajos niveles de calidad, sobre todo si se la comparaba con sus rivales. Así surgió la primera aplicación de la reingeniería de procesos como una forma de dar alcance a los competidores. Y así, entonces, se puede ver a la reingeniería como una forma de pretender mejorar a partir de un monitoreo continuo de la gestión organizacional.

Caso de éxito: reingeniería del proceso de adquisiciones de Ford Motors Company

A través de la revisión de este caso específico, se analizará la manera en que un proyecto de reingeniería aplicado en forma muy puntual en una empresa multinacional de gran porte como la terminal automotriz Ford Motors, pudo derivar en una mejora sustancial del desempeño de la compañía, resultando en mejores resultados y un valor agregado para los accionistas a través de la optimización de sus recursos.

El antiguo proceso de adquisiciones de la empresa Ford Motors Company era llevado delante de manera convencional (Gráfico A). Se originaba en el Departamento de Compras, que le enviaba al proveedor una orden de compra, con copia para el Departamento de Cuentas por Pagar. Cuando el proveedor enviaba la mercancía y ésta llegaba a Ford, un empleado del Almacén llenaba un formulario en el que se describían los bienes y lo remitía al Departamento de Cuentas por Pagar. Al mismo tiempo, el vendedor enviaba su factura a Cuentas por Pagar.

De esta forma, el Departamento de Cuentas por Pagar tenía en su poder tres documentos relativos a estos bienes: la orden de compra, el documento de recibo y la factura. Si los tres coincidían (lo que ocurría normalmente), un empleado expedía una orden de pago. En caso que no coincidieran, los empleados gastaban la mayor parte del tiempo corrigiendo las situaciones poco frecuentes en que los documentos (orden de compra, documento de recibo y factura) no coincidían. A veces, para la resolución de divergencias se requerían semanas de tiempo y una enorme cantidad de dinero para rastrear y aclarar diferencias. Por otro lado, se producía un importante cuello de botella en el área funcional encargada de llevar a cabo los pagos.

Gráfico A: Proceso convencional de adquisiciones Ford

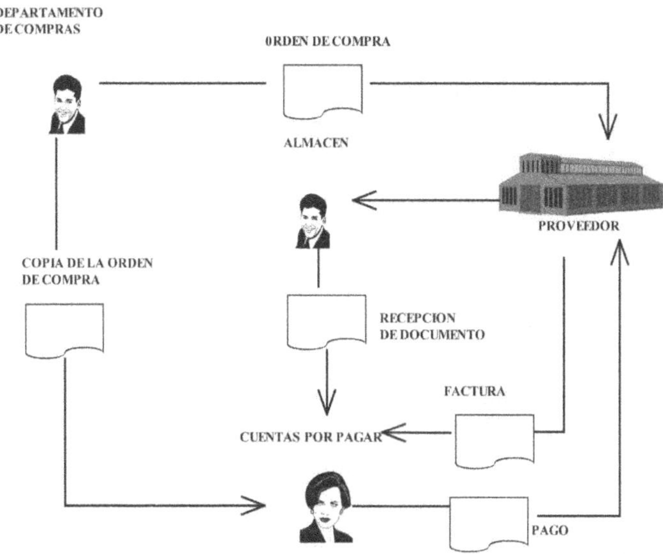

Fuente: elaboración propia sobre la base de información Hammer y Champy

De este caso, surgieron las siguientes preguntas en el seno de la empresa:

- ¿Es posible mejorar este proceso de adquisiciones?
- ¿Que se podría hacer para optimizar el funcionamiento de este proceso?
- ¿Cuáles pasos podrían eliminarse?

El rediseño del proceso

El nuevo proceso quedó configurado de la manera descripta en el Gráfico B. Los cambios implicaron que el funcionamiento del proceso tuviera las características enunciadas a continuación: un comprador del Departamento de Compras enviaba una orden a un proveedor, y, al mismo tiempo, daba entrada a esa orden en un banco de datos en línea; entonces, la primera novedad consistió en la automatización del proceso a través de la inclusión de una base de datos. Por su parte, los proveedores, del mismo modo que antes, despachaban la mercancía al almacén, y cuando ésta llegaba, un empleado comprobaba en una computadora si el despacho que se acababa de recibir correspondía a una orden de compra pendiente en el banco de datos, existiendo solamente dos posibilidades: corresponde o no corresponde. En el primer caso, el empleado aceptaba el despacho y enviaba un mensaje a través del teclado de su terminal, informando al banco de datos que los bienes habían llegado. El recibo de los bienes quedaba, de este modo, registrado en el banco de datos, y el sistema automáticamente giraba un cheque y, a su debido tiempo, se lo remitía al proveedor. Si por el contrario, los bienes no correspondían a una orden de cuenta pendiente en el banco de datos, el empleado del Almacén lo rechazaba y se lo devolvía al proveedor.

Gráfico B: El proceso rediseñado

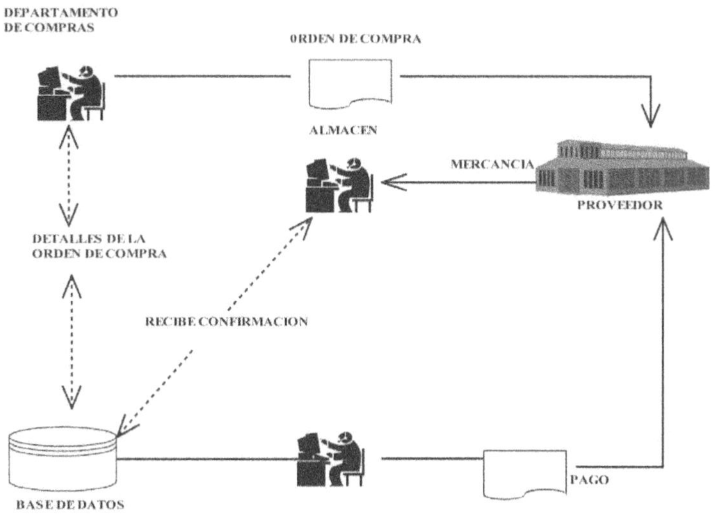

Fuente: elaboración propia sobre la base de información Hammer y Champy

Lecciones del caso

El concepto básico del cambio en Ford resulta sencillo de comprender y analizar. La autorización del pago que antes la daba cuentas por pagar, pasó a otorgarla el almacén. El viejo proceso fomentaba complejidades increíbles: averiguaciones, archivo de asuntos pendientes, archivo-memorando complicados... lo suficiente para mantener ocupados a unos 500 empleados. El nuevo proceso resultó ser muy distinto, implicando mejoras trascendentales. Casi se eliminó la necesidad de un Departamento de Cuentas por Pagar. En algunas partes de Ford, tales como la División de Motores, el personal de Cuentas por Pagar pasó a ser apenas 5% de lo que era anteriormente, quedando sólo un puñado de personas para atender las situaciones excepcionales.

Una de las reglas que se cambió y que constituía la base del antiguo proceso, más allá de la automatización generada a través de la inclusión de la base de datos, fue el paradigma que propugnaba que Ford pagaba cuando recibía la factura; a partir de este rediseño del proceso, Ford entendió que la obligación de pago surgía al recibir los bienes. El cambio de ese simple concepto estableció la base de una mejora radical en el negocio, rompiendo con un modelo vetusto, útil para otros tiempos de la organización.

Aquí puede observarse, consecuentemente, que es posible que la reingeniería de procesos, bien aplicada y entendida, se convierta en una herramienta crítica de apoyo a la gestión. La propia Ford Motors Company, una empresa tan renombrada, comprendió que la lógica dominante en su proceso de compras había quedado obsoleta, motivo por el cual se tornaba imperiosa la necesidad de un cambio. Ese cambio, que tuvo ingredientes desde el punto de vista de estructura, sistemas y procedimientos, derivó en ahorros significativos para Ford, con su correspondiente impacto en los estados financieros y, por consiguiente, en el bolsillo del accionista.

Epílogo

Los tiempos actuales traen aparejados la existencia de nuevas y más sofisticadas obligaciones en materia de administración organizacional. La coyuntura es tan compleja que, incluso, las empresas mejor preparadas sucumben ante cambios imprevistos en el entorno o en virtud de la imposibilidad de dar respuesta frente a lo que la realidad pide. En este libro, se han analizado diferentes herramientas que procuran minimizar ese riesgo, otorgando los elementos necesarios para gestionar las organizaciones de un modo más profesional que, si bien no asegura el éxito, contribuye a optimizar el funcionamiento institucional y a asegurar el logro de los objetivos planteados.

Este libro, como se ha indicado en forma previa, no tiene como objetivo la erudición en los diferentes temas abordados. Sin embargo, sí persigue el fin de proporcionar los conocimientos elementales acerca de las características del ciclo de gestión en las organizaciones. Es de esperar que el lector, una vez incorporados los conceptos vertidos a lo largo de las páginas que componen este texto, se haya nutrido de ideas claras y concretas en relación a lo que los directivos de cualquier empresa, institución pública u ONG deben tener en mente a la hora de realizar sus actividades y liderar sus organizaciones. Consecuentemente, se trata de un documento técnico – profesional que presenta aspectos generales para cualquier administrador, procurando ser sencillo en el vocabulario empleado aunque riguroso en cuanto a los asuntos explorados.

Para cumplir con el cometido indicado en el párrafo precedente, se lleva a cabo una revisión de un concepto originado hace bastante tiempo (en términos de la historia de la gestión organizacional), pero no por ello obsoleto: el ciclo de Deming. Este libro considera vital considerar las tareas de planificar, hacer, verificar y actuar como los pilares de la administración, debiendo convertirse en el marco de referencia a tener en cuenta a la hora de intervenir en la gestión. Es por ello que este documento se divide en dos partes complementarias, las cuales tratan diferentes aspectos de la mencionada teoría de Deming como el hilo conductor de todo el texto. En ambas secciones, se trata de dar un enfoque técnico – práctico, otorgando una importancia considerable a la exposición de metodologías de aplicación concreta, y a la presentación de casos reales. De ese modo, se busca acercar los conceptos a la realidad, dando un valor singular a este documento respecto de otra bibliografía sobre los temas aquí tratados.

Un aspecto que vale la pena mencionar es que la gran mayoría de los conceptos vertidos en estas páginas tienen, en realidad, lugar en una enorme cantidad y variedad de organizaciones. La mayoría (o todas) las empresas planifican; muchas de ellas presupuestan, y algunas miden el nivel de ejecución presupuestaria. Casi todas las organizaciones se comparan con otras, y la mayoría implementa medidas de control y gestiona sus riesgos. Por lo anterior, el valor agregado que presenta este libro se fundamenta en el hecho de que brinda un marco metodológico general sobre todos los temas tratados, de manera de sistematizar su uso y aplicación, y como la base para la profesionalización de la gestión a partir de la consideración del contenido de este documento como un conjunto de prácticas sugeridas para la gestión organizacional.

Inicialmente, el libro aborda la temática de un eje clave para cualquier organización, compuesto por la planificación y los presupuestos. Partiendo del análisis de la relevancia que adquiere la planificación estratégica, el documento se focaliza hacia la revisión de los principios que deben gobernar el desarrollo de los planes operativos, convirtiendo a éstos en presupuestos que comprenden su cuantificación monetaria. En este sentido, un concepto sobre el que se vuelve una y otra vez es la necesidad fundamental de medir la gestión; aunque, para poder llegar a ese objetivo, se requiere el establecimiento de objetivos claros y concretos, los cuales solamente pueden determinarse a través de un proceso de planificación y presupuestación adecuado. A tal efecto, se consideran los presupuestos críticos que debería confeccionar una organización, brindando ejemplos claros y concretos para demostrar su aplicabilidad.

La segunda parte del libro se concentra en temas cuya existencia sólo es posible una vez que se han definido claramente los objetivos y se han cuantificado. No se puede medir la gestión si no se ha establecido el parámetro de medición, la línea de base respectiva. En este libro no se incluyen todas las opciones ni alternativas existentes para apoyar a la gestión; las que se exponen son aquellas que se han considerado más importantes o más aplicables, más allá de modas, tendencias o subjetividades.

No es posible medir si no se han fijado las metas, está claro. Pero tampoco se puede analizar el desempeño si no se han determinado las métricas y los valores a evaluar. Por ello, el capítulo sobre tablero de control e indicadores resulta esencial para el administrador en tanto sienta las bases para el armado de un esquema que ayuda al seguimiento continuo de la gestión.

La administración de riesgos y el control interno (de acuerdo a su concepción moderna) ya constituyen herramientas clave para el apoyo a la gestión. Tal como se aprecia en los capítulos respectivos y, muy especialmente, en los casos emblemáticos incluidos en el libro, su incorporación al día a día de las organizaciones es una necesidad, ha dejado de ser una opción. Lo mismo puede afirmarse respecto del benchmarking, puesto que, formal o informalmente, todas las instituciones de diversos sectores procuran compararse dentro o fuera de su ámbito de negocios.

Por su parte, la reingeniería de procesos tratada en un capítulo separado de este libro constituye una de las maneras más efectivas para el logro del cambio organizacional y, fundamentalmente, para la mejora de la gestión. De la misma manera que se mencionó en relación al benchmarking, son muchas las organizaciones que rediseñan sus procesos de un modo más o menos formal; el valor de este documento en relación a la reingeniería se orienta a la sistematización de su aplicabilidad, diferenciando cuándo es posible llevar a cabo una reingeniería y cuándo, en realidad, lo que hace falta es el diseño inicial, la reingeniería de procesos; del mismo modo, se deja en claro que no siempre es necesario invertir en tecnología para mejorar los procesos, ni cambiar la estructura para profesionalizar la gestión. El libro, entonces, lo que permite es la conceptualización correcta de la reingeniería, evidenciando el hecho de la inexistencia, en la realidad, de las recetas únicas de aplicación universal.

En definitiva, la idea que subyace a lo largo de todo el libro se basa en la construcción de una caja de herramientas para la gestión organizacional, un conjunto de buenas prácticas y de instrumentos de apoyo para la administración, que podrían ser consultadas por los directivos de una organización cualquiera a los efectos de constituirse en un marco para el desarrollo de sus funciones. Al cabo, lo que se propone en estas páginas es la elaboración de una guía, en una especie de faro para el management, de manera de poder encontrar aquí una serie de principios generales y de conceptos con una aplicación práctica concreta que pudieran ser adaptados y de ese modo trasladados a diversos negocios. La correcta instrumentación en los diferentes tipos de organizaciones de las mencionadas herramientas, por supuesto, es responsabilidad de quien lidera y ejecuta las tareas en cada caso en particular, lo cual amerita su tratamiento en forma separada o mediante investigaciones adicionales.

Bibliografía consultada

Álvarez López, J. (1984): "Planificación de la empresa y control de gestión" - Ed. Donostiarra, San Sebastián, España.

Amat, J.M. (2003): "Control de gestión: una perspectiva de dirección" - Ed. Gestión 2000, Barcelona, España.

Anthony, R.N. (1990): "El control de gestión, marco, entorno y proceso" - Ed. Deusto, Bilbao, España.

Blanco Illescas, F. (1985): "El control como guía de la gestión empresarial" - IMPI, número 10, Madrid, España.

Brealey, R.; Myers, S.; Marcus, S. (1996): "Principios de Dirección Financiera" - Mc Graw Hill Interamericana de España.

Brelin, H. y Davenport, Kimberly S. (1994): "Focused Quality: Managing for Results"- St. Lucie Press, Estados Unidos.

Committee of Sponsoring Organizations of the Treadway Commission (1997): "Los nuevos conceptos del control interno (Informe COSO)" - Coopers & Lybrand, Editorial Diaz de Santos, Madrid, España.

Committee of Sponsoring Organizations of the Treadway Commission (2002) - "Enterprise Risk Management Framework".

Casal, A.M. (2006): "El sistema de gestión de riesgos. Norma IRAM 17.550/2005", Profesional & Empresaria (D&G), Ed. Errepar.

Congreso de los Estados Unidos de Norteamérica: Sarbanes Oxley Act (2004).

Champy, J. y Hammer, M. (1993): Reingeniería (Reengineering the Corporation A Manifesto for Business Revolution) – HarperBusiness, New York, Estados Unidos.

Fleitman, J. (2000): "Negocios exitosos" - McGraw-Hill Editores, México.

García M., Munich G. (1998): "Fundamentos de Administración" - México.

Giménez, Carlos M.: "Gestión y costos" - Ediciones Macchi, Buenos Aires, Argentina.

Harrington, H. (1997): "Administración total del mejoramiento continuo. La nueva generación" - Editorial McGraw Hill Interamericana, S.A., Colombia.

Hernández Sampieri, R. (1998): "Metodología de la Investigación" - McGraw-Hill Editores, México.

Hintze, J. (2001): Control y evaluación de gestión y resultados – Biblioteca Tecnología para las Organizaciones Públicas (TOP), www.top.org.ar

Instituto Argentino de Normalización y Certificación (IRAM), IRAM 17550: 2005, "Sistema de gestión de riesgos. Directivas generales".

Jiménez, W. (1982): "Introducción al Estudio de la Teoría Administrativa" - Editorial FCE, México.

Kaplan, R. y Norton, D. (2009): "El cuadro de mando integral" - Ed. Gestión 2000, Barcelona, España.

Laski, J. (2009): "Herramientas modernas para la gestión organizacional: controles internos y gestión por procesos" - Editorial Libros En Red, Buenos Aires, Argentina.

Laski, J. (2005): "La gestión de riesgos: una estrategia para controlar amenazas" - Infobae Profesional.

Laski, J. (2008): "Los controles internos en la era actual: de la exageración a la reflexión" - Revista Desarrollo & Gestión número 108, Tomo IX, Editorial Errepar, Buenos Aires, Argentina.

Laski, J. (2006): "El control interno como estrategia de aprendizaje organizacional: el modelo COSO y sus alcances en América Latina" - Revista Gestión y estrategia no. 30, Universidad Autónoma Metropolitana, Unidad Azcapotzalco, México.

Laski, J. (2008) - "Gobierno Corporativo - Las buenas prácticas no son sólo para grandes empresas" - Revista Labor Legislativa, Año 1, Número 3, Buenos Aires, Argentina.

Mallo, C.; Kaplan, R.; Meljem, S. y Jiménez, C. (2000): "Contabilidad de Costos y Estratégica de Gestión", Ed. Prentice Hall.

Meyer, J. (1989): "Gestión presupuestaria" - Ed. Deusto, Bilbao, España.

Mocciaro, O. (1997): "Presupuesto Integrado". Ediciones Macchi, Buenos Aires, Argentina.

Mondragón Pérez, A. (2002): "¿Qué son los indicadores?" - Revista de Información y Análisis número 19, Instituto Nacional de Estadística y Geografía, México.

Pere, N. (1999): "Elaboración y control de presupuestos" - Ed. Gestión 2000, Barcelona, España.

Pimentel Villalaz, L. (1999): "Introducción al concepto de planificación estratégica".

Ripoll Feliu, V.M. (1996): "Contabilidad de gestión avanzada. Planificación, control y experiencias prácticas" - Mc Graw Hill, Madrid.

Rivas Roces, M. (2010): "Los KPI y el Balanced Scorecard vinculado" – Santiago, Chile.

Selmer, C. (2002): "Hacer y defender un presupuesto" - Ed. Deusto, Bilbao, España.

Smith, E. (1993): Manual de Productividad: Métodos y actividades para involucrar a empleados en el mejoramiento de la productividad - Ediciones Macchi, Buenos Aires, Argentina.

Taylor, F. (1911): "Principios de la administración científica" – Editorial El Ateneo, Buenos Aires, Argentina.

Welsch, G.A. (1990): "Presupuestos, Planificación y Control de Utilidades" - UTEHA, México.

Índice

Editorial LibrosEnRed

LibrosEnRed es la Editorial Digital más completa en idioma español. Desde junio de 2000 trabajamos en la edición y venta de libros digitales e impresos bajo demanda.

Nuestra misión es facilitar a todos los autores la **edición** de sus obras y ofrecer a los lectores acceso rápido y económico a libros de todo tipo.

Editamos novelas, cuentos, poesías, tesis, investigaciones, manuales, monografías y toda variedad de contenidos. Brindamos la posibilidad de **comercializar** las obras desde Internet para millones de potenciales lectores. De este modo, intentamos fortalecer la difusión de los autores que escriben en español.

Nuestro sistema de atribución de regalías permite que los autores **obtengan una ganancia 300% o 400% mayor** a la que reciben en el circuito tradicional.

Ingrese a www.librosenred.com y conozca nuestro catálogo, compuesto por cientos de títulos clásicos y de autores contemporáneos.

www.ingramcontent.com/pod-product-compliance
Lightning Source LLC
Chambersburg PA
CBHW021559210326
41599CB00010B/510